长赢投资

钟雪莹 著

中国商业出版社

图书在版编目（CIP）数据

长赢投资 / 钟雪莹著. -- 北京 : 中国商业出版社, 2025. 1. -- ISBN 978-7-5208-3304-2

Ⅰ. F830. 59

中国国家版本馆 CIP 数据核字第 2025Q6E918 号

责任编辑：郑　静
策划编辑：刘万庆

中国商业出版社出版发行
（www. zgsycb. com　100053　北京广安门内报国寺 1 号）
总编室：010-63180647　　编辑室：010-83118925
发行部：010-83120835/8286
新华书店经销
三河市京兰印务有限公司印刷
*
710 毫米 ×1000 毫米　16 开　10 印张　140 千字
2025 年 1 月第 1 版　2025 年 1 月第 1 次印刷
定价：39. 80 元
* * * *
（如有印装质量问题可更换）

目录

CONTENTS

第一章 投资基础

第二章 低成本指数基金

第三章 投资组合构建

第四章 市场收益的来源

第五章 避免投资陷阱

第六章 投资理念与策略

第七章 实践与展望

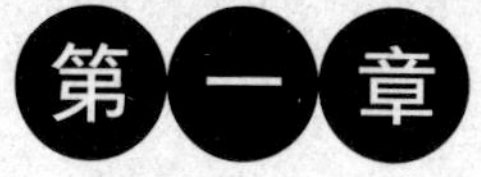

投资基础

1.1 投资的基本概念：什么是投资？

“投资”听起来像是一个“高大上”的词语，但简单地概括，其实就是“用钱生钱”。具体该怎么操作呢？让我们从头说起。

什么是投资？简单来说，就是把钱投入到某个领域，如股票、债券、房地产、黄金，乃至一家新兴的科技公司等。投资的目的，就是让这些钱在未来产生收益，从而为我们赚更多的钱。

既然投资的目标是“用钱生钱”，那么我们要如何达成这个目标呢？要知道，钱并不是放在某个地方就会自动“生钱”的，它需要一个能够实现增值的环境。这个环境就是我们所说的投资市场。在这个市场中，我们通过花钱购买资产（如股票、债券等），或者参与企业的生产经营活动，从而获得收益。

例如，当我们把钱存进银行，银行将会把这笔钱借给其他有需要的人，作为储户的我们就能够以利息的形式获得收益，这叫作“投资银行存款”。又如，当我们把钱投入股票市场，购买上市公司的股票，当该公司股价上涨时，我们就可以通过卖出这只股票来赚钱，并且当该公司盈利后，也会分出一部分利润作为股东分红，这就是“投资股票”。

投资和储蓄是两个不同的概念。储蓄是指把钱放在一个安全的地方，等待将来使用；而投资则是把钱投入一个能增值的地方，希望这笔钱在未来能为我们带来更多的收益。储蓄的目的是保证资金的安全，而投资的目的是实现资金的增值。

在市场上，投资的种类有很多，主要可以分为以下几类。

第一类，股票投资。如果人们看好一家公司的前景，认为它未来会发展得很好，就可以通过购买公司的股票，成为公司的股东，并获得公司的分红。股票市场波动较大，且收益和风险并存。记住：高风险高回报，在进行股票投资时需谨慎。

第二类，债券投资。债券类似人们将钱借给政府或企业，它们会定期向我们支付利息，等债券到期时将本金归还。债券的风险比股票小，因为政府和大型企业通常不会轻易违约，所以债券被视为比较稳健的投资方式。

第三类，房地产投资。即人们通过购买房产，等待房产升值后卖出，或者通过出租房产获取租金收益。房地产投资需要较高的初始资金，但由于房产具有保值增值的特点，很多人认为房地产是一种安全可靠的投资方式。当然，房产市场也会存在波动，需要投资者对市场有一定的了解和判断。

第四类，黄金投资。黄金作为贵金属，有着长期保值的特点。人们常说黄金是避险资产，因为当经济形势不稳定时，黄金的价格通常会上涨。我们可以购买实物黄金，如金条、金币，也可以通过黄金 ETF（交易所交易基金）进行投资。

除了上述几种常见的投资方式，还有许多其他投资渠道，如基金、期货、外汇、艺术品等。每种投资方式都有其特点和风险，需要我们根据个人的风险承受能力和投资目标进行选择。

投资并不是一件简单的事情，它需要我们了解市场的运作规律，掌握相关的投资知识，同时具备一定的分析能力，能够评估投资标的的潜力和风险。此外，良好的心理素质也是必不可少的，它能够帮助我们在市场波动时保持冷静，不被短期的涨跌左右。

在投资过程中，我们总是会遇到各种各样的问题和挑战，但只要不断地学习，积累经验、总结教训，就一定能够在投资的道路上取得成功。

1.2 投资与投机的区别：一个是长跑，一个是短跑

在金融市场上，“投资”和“投机”这两个词经常被人们混淆。理解这两者的区别是每一个新手投资者的必修课，因为它们不仅决定了投资者的操作方式，还会影响到投资者的心态和长期收益。

一、什么是投资？

投资是指将资金投放到某种资产上，希望它在未来能够带来稳定的收益或实现升值。投资者除了关注资产的长期内在价值和稳定回报，也期望通过短期的市场波动来获取差价收益。比如，我们购买了某个上市公司的股票，成为这家公司的股东，就可以通过股价上涨带来的差价收益，或者通过公司的分红获取收益。因此，投资股票既可以是长线持有以获取长期回报，也可以通过短期操作获得利润。

小李看好一家上市科技公司，认为它有良好的发展前景和强大的研发能力，于是购买了它的股票。小李不会在意它股价短期的波动，而是看中它未来 5 年、10 年的发展潜力。小李愿意长期持有这家公司的股票，因为小李相信这家公司能够不断创新，持续增长，从而给他带来丰厚的回报。

二、什么是投机？

相较投资，投机则是一种短期行为。投机者关注的是市场短期的涨跌变化，他们试图通过市场的价格波动在短期内迅速获利。通过利用市场信息和技术分析，投机者频繁地买进卖出，以获取价格差异带来的利润。投机更像是一场短跑，需要敏锐的市场嗅觉和快速的反应能力。

小王发现某个热点题材股票最近被市场炒得火热，股价在短时间内会暴涨。他迅速买入，期望在它继续上涨时卖出获利。几天后，他发现股价如预期上涨，他便及时卖出，获得一笔可观的利润。这种操作行为就是典型的投机行为。

三、投资与投机的风险和回报

除了操作时间长短，投资和投机的区别还在于它们的风险和回报特性。

投资通常讲究稳健，这是因为投资者往往追求长期的、可持续的收益。以股市为例，其历史数据清晰地表明，在短期内股市会呈现出剧烈的波动，但从长期的视角来看，股市总体趋势是向上发展的。

著名投资大师沃伦·巴菲特以其长期投资策略而闻名。他的投资策略主要是寻找那些具有竞争优势和发展前景的公司，并长期持有其股票。他曾说过："无论市场如何波动，我更在意的是公司的基本面和长期价值。"这种长远的眼光和坚定的信念，使得他成为世界上成功的投资者之一。

而投机则具有更高的风险和不确定性。由于投机者依赖市场的短期波动获利，如果判断失误，就会遭受重大损失。高回报伴随着高风险，投机更像是一场赌博，成功与否很大程度上取决于投机者对市场波动的把握和运气。

2008 年国际金融危机期间，许多投机者在房地产市场泡沫时期，通过不断买卖房产迅速获利。然而，当泡沫破裂，房价大幅下跌时，这些高杠杆操作的投机者便遭受了巨大的损失，甚至倾家荡产。

四、投资与投机的心态和策略

投资需要耐心和理性。投资者应具备长期的眼光，关注资产的基本面和内在价值，忽略短期的市场波动，着眼于长期收益。同时，通过多元化的投资分散风险，避免把所有“鸡蛋”放在一个“篮子”里，制订详细的投资计划，设定长期目标，稳步前进。

如果一位投资者想要建立一个长期的退休基金，他就可以选择一些稳定增长的股票、债券和低成本指数基金，并通过定期投资和复利增长，逐步积累财富。想要获取长期收益，需要耐心和理性，不能急于求成。

而投机则需要灵活性和敏锐度。投机者必须时刻关注市场动态，快速反应，及时调整策略，市场瞬息万变，稍有不慎便可能损失惨重。因此，投机者需要具备高度的市场敏感性和快速决策能力，以及强大的心理素质。

优秀的职业投机者每天都会花大量时间研究市场走势、分析新闻事件和技术指标，从中迅速抓住市场中的短期机会，进行高频交易。这种高强度的操作需要极大的精力和高超的技巧，但也伴随着巨大的心理压力和投机风险。

投资与投机虽然都能带来财富增值，但两者在理念、策略和风险上都有显著差异。作为普通投资者，我们应当根据自身的风险承受能力和投资目标，选择适合自己的方式。

对于绝大多数人而言，投资是更为稳健和可靠的理财方式。通过长期持有优质资产，我们不仅能享受市场的长期收益，还能在这个过程中不断学习和提升自己的投资能力，更好地规划和管理自己的财务生活。

1.3 风险与回报：鱼和熊掌不可兼得

在投资的世界里，风险与回报总是相伴相生，也就是“高风险高回报，低风险低回报”。了解并正确评估风险和回报，是每一个投资者都必须掌握的技能。只有这样，才能在投资过程中做出明智的决策，实现财富的稳定增长。

一、什么是风险？

风险是指投资过程中可能遭受的本金损失和收益损失。它来自市场的不确定性，如经济衰退、企业倒闭、自然灾害等因素。风险无处不在，我们无法完全避免，但可以通过多种方式来降低风险。

二、什么是回报？

回报是指投资所带来的收益。它可以表现为股票价格的上涨、债券的利息、房地产的租金收入等。回报的多少通常与所承担的风险成正比，即高风险的投资通常带来高回报，而低风险的投资则带来相对较低的回报。

三、高风险高回报

1. 股票投资

股票市场波动较大，短期内可能会出现剧烈的价格变动。为了防止市场出现过分的暴涨或者暴跌，一些国家会出台相应的涨跌幅限制。例如，在中国市场，沪深股市的日涨跌幅限制为10%，新上市股票在第一个交易日的涨幅限制为44%，跌幅限制为36%；而在科创板和创业板，日涨跌幅限制为20%，新上市股票前5个交易日则没有涨跌幅限制。相比之下，美国股市没有单日涨跌幅限制，因此个股价格可能在一天内出现较大的波动。无论股票走势如何，从长远来看，全球主要股票市场的总体趋势通常都是向上的。许多投资者通过长期持有优质股票，依然能够获得可观的回报。

科技公司苹果公司（Apple Inc.）的股票在2000年前后每股价格不到10美元，但到了2020年价格已经涨到400多美元。那些在早期就购入苹果公司股票并长期持有的投资者，获得了几十倍的回报。

2. 创业投资

创业投资是另一种高风险高回报的投资方式。投资者将资金投向初创公司，期望这些公司在未来几年内能够快速增长并上市。虽然投资初创公司成功的概率较低，但一旦成功，回报可能就是巨大的。

例如，一些投资者在早期投资了目前市值极高的科技公司，如亚马逊（Amazon）和特斯拉（Tesla）。这些公司在经历了多年的发展和成长后，为早期投资者带来了丰厚的回报。与此相对，大多数初创公司在成立后的几年内并未取得成功，导致投资失败。因此，创业投资者不仅需要具备敏锐的眼光，还要拥有承受高风险的强大内心。

四、低风险低回报

相对而言，低风险的投资通常带来较低的回报。但因其波动性较小，更加适合那些风险承受能力较低的投资者。

1. 债券投资

债券被视为比较稳健的投资方式之一。由于发行方是政府和大型企业等不会轻易违约的单位，所以债券的风险相对较小。政府债券、企业债券等债券通常会定期向投资者支付利息，并在到期时退还本金。

美国国债被认为是世界上比较安全的投资之一。虽然它的利息回报不高，但由于有美国政府的信用担保，所以几乎没有违约风险。因此，许多投资者会选择将部分资金配置在国债上，以降低整体投资组合的风险。

2. 银行存款

银行存款也是比较安全的投资方式之一。尽管利息回报很低，但本金几乎没有损失的风险。对于那些不愿承担任何风险的人来说，银行存款是一个不错的选择。

如果小韩将10万元人民币存入银行，按照年利率2%的标准计算，一年后他将获得2000元的利息收入。虽然回报不高，但他可以安心地知道他的本金是安全的。

五、如何平衡风险与回报？

每个投资者的风险承受能力和投资目标都是不同的，因此，在投资过程中，如何平衡风险与回报是一个重要的问题。

1. 多元化投资

通过将资金分散投资于不同类型的资产，可以有效降低整体投资组合的风险。比如，我们可以将部分资金投资于股票，部分资金投资于债券，还有一部分资金投资于房地产或其他资产。这种策略能够在某一种资产表现不佳时，通过其他资产的收益来平衡风险。

假设小胡有100万元的投资资金，他可以将50万元投资于股票，30万元投资于债券，20万元投资于房地产。即使股票市场出现波动，债券和房地产的稳定收益也能帮助他降低整体投资风险。

2. 长期持有

投资的一个关键策略是长期持有优质资产。市场短期内的波动是难以预测的，但从长期来看，优质资产的价值往往会上升。通过长期持有，我们可以避免短期波动带来的风险，实现稳定的收益增长。

尽管股票市场可能在一年内经历多次大幅波动，但如果你能够坚持持有优质股票10年、20年，长期回报通常会非常可观。

3. 风险评估

在进行任何投资之前，评估自身的风险承受能力和投资目标是非常重要的。如果你是一位年轻投资者，具有较高的风险承受能力，你可以选择更多的高风险高回报投资。如果你是即将退休或风险承受能力较低的投资者，那么选择一些稳健的低风险投资可能更为合适。

4. 案例

让我们通过一个案例来进一步理解风险与回报的平衡。

假设你是一位30岁的年轻投资者，有20万元的闲置资金，计划进行长期投资。你可以选择以下几种投资组合。

（1）高风险组合。将 80% 的资金投资于股票，20% 的资金投资于债券。预期回报较高，但风险也大。

（2）中等风险组合。将 50% 的资金投资于股票,30% 的资金投资于债券，20% 的资金投资于房地产。风险和回报相对平衡。

（3）低风险组合。将 20% 的资金投资于股票，50% 的资金投资于债券，30% 的资金存入银行。风险低，回报也较低。

经过评估，你决定选择中等风险组合，以期在获得较高回报的同时，保持一定的稳健性。你选择了一些优质的蓝筹股、一部分政府债券和一套投资型房产。随着时间的推移，你会发现这种组合在市场波动中表现稳定，能够实现预期的回报。

理解风险与回报的关系，是每个投资者必备的认知素养。通过合理的资产配置、长期持有优质资产以及对自身风险承受能力的正确评估，投资者可以在投资过程中更好地平衡风险与回报，实现财富的稳定增长。

1.4 复利的力量：让钱生钱

复利，被爱因斯坦称为“世界第八大奇迹”。复利的魅力在于让你的财富如滚雪球般，在时间的推移中越滚越大。那么，复利究竟是什么？它是如何运作的？让我们一起来揭开它的神秘面纱。

一、什么是复利？

复利是指投资的收益在每一个计息期结束后纳入本金中，在下一个计息期内，新的本金（原本金加上前期的收益）又会产生新的收益。这种“利滚利”的效果，可以使我们的财富增长速度显著加快。

如果你有 1 万元，每年能获得 10% 的收益。那么第一年结束时，你会有 1.1 万元（1 万元的本金加上 0.1 万元的收益）。在第二年，你的本金变成了 1.1 万元，按 10% 的年化收益率，你的收益是 1.1 万元的 10%，也就是 0.11 万元。这时，你总共拥有 1.21 万元。如此年复一年，你的财富会呈现指数级增长。

二、复利的计算公式

复利计算的基本公式：$A=P(1+r/n)nt$。

其中 A 是最终金额，P 是初始本金，r 是年利率，n 是每年的复利计息次数，t 是投资的年数。

三、复利的威力：时间与耐心

复利的力量在于时间，投资时间越长，复利的效果越显著。通过以下例子，您可以更清晰地理解这一点。

假设每年定投 1 万元，年化收益率为 8%：

25 岁开始投资，40 年后，最终金额约为 259 万元。

35 岁开始投资，30 年后，最终金额约为 123 万元。

45 岁开始投资，20 年后，最终金额约为 49 万元。

由此可见，不论是定投还是单笔投资，时间越长，复利的力量就越强大，财富增长的速度也越来越快。

四、案例

让我们通过一个案例进一步理解复利的威力。

假设有一笔 100 万元的本金，年化收益率为 6%，每年将收益重新投资。这笔钱在不同年限下的增长情况如下。

1. 5 年后：约为 133.8 万元。
2. 10 年后：约为 179.1 万元。
3. 20 年后：约为 321.7 万元。
4. 30 年后：约为 574.3 万元。

由此可见，时间越长，复利的效果就越来越明显，财富增长的速度也就越来越快。

五、如何利用复利实现财务目标？

1. 尽早开始投资

时间是复利最好的朋友。越早开始投资，本金就能有更多的时间进行复利增长。当然，也不要因为起步晚而气馁，任何时候开始投资都不算晚，只要我们能坚持长期投资。

2. 保持定期投资

定期投资可以摊平成本，降低风险，帮助缓解市场波动带来的影响。例如，每个月定投一定金额的指数基金，无论市场涨跌，都坚持买入，以实现长期稳定良好的平均收益。

3. 选择合适的投资工具

不同的投资工具有不同的收益率和风险特征。选择能够提供稳定、长期收益的投资工具，如低成本指数基金、优质股票和债券，可以帮助我们充分利用复利的力量。

4. 再投资收益

将获取的收益再投资，而非用于消费。这样，本金和收益都会进行复利增长，财富积累的速度会更快。

5. 保持耐心

投资是一个长期的过程，需要耐心和理性判断。不要因为短期的市场波动而轻易放弃，坚持长期投资，才能享受复利带来的成果。

六、避免投资成本的侵蚀

复利能让财富快速增长，但投资成本的复利效应也不可忽视。高额的管理费、交易费和税费等，会严重侵蚀我们的投资收益。因此，选择低成本的投资工具是非常重要的。

除了时间对复利的影响，管理费的差异也是影响投资收益的重要因素。低成本的指数基金费用率通常较低，而某些主动管理基金会收取较高的管理费和交易费，即使在相同的收益率下，它们的实际收益也会差异显著。

假设您投资100万元人民币分别在两个年化收益率相同为7%的基金中：

主动管理基金，管理费为1.5%，30年后，最终金额约为498.4万元。

指数基金，管理费为0.2%，30年后，最终金额约为719.7万元。

从这个例子可以看出，管理费的差异在长期投资中会显著影响最终的投资收益，指数基金由于其低成本，能够为您保留更多的实际收益。

七、复利的心理效应

复利不仅是一种财务工具，更是修炼投资心理的一种方式。它可以教会我们坚持、耐心和理性，让我们懂得面对市场的起伏，坚持长期投资的信念，不被短期波动动摇，才能实现财富的积累。

“复利是世界第八大奇迹。那些了解它的人，将从中受益；那些不了解它的人，将为其付出代价。”这句话揭示了复利的强大力量和重要性。复利是投资过程中比较强大的工具，它能让我们的财富在时间的推移中迅速增长。通过尽早开始投资、保持定期投资、选择合适的投资工具、再投资收益和控制投资成本，我们可以充分利用复利的力量，实现自己的财务目标。记住，投资是一场马拉松，坚持和耐心是成功的关键。

1.5 长期投资的优势：投资就像种树，种得早，果实多

长期投资的核心理念在于通过时间的积累和市场的稳定增长，实现财富的持续增值。就像种树一样，种得早，果实成熟得越早，也越多。长期投资的优势在于它能够平滑短期市场波动，充分利用复利效应，实现稳健的财富增长。

一、长期投资可以减少市场波动带来的风险

股票市场固有的波动性常常让短期投资者感到不安，频繁买卖不仅可能错过市场反弹的机会，还会增加交易成本。标准普尔 500 指数在过去几十年中经历了无数次的市场波动和经济衰退，但它的长期回报率依然稳健。因此，长期持有优质资产可以有效降低短期波动的影响，实现稳定的收益增长。

例如，1970 年至 2020 年，美国标普 500 指数的年化回报率约为 10%。这意味着，即使经历了石油危机、互联网泡沫、金融危机等重大事件，长期投资者依然能够获得可观的回报。相反，如果在市场低迷时恐慌抛售，或在市场高点时追高买入，短期投资者往往会错失市场反弹的良机，甚至可能遭受严重损失。

二、长期投资能够充分利用复利效应

复利能够让我们的财富在时间的推移中快速增长。时间是复利最好的朋友，长期投资是复利效应的前提，短期内复利效应下的收益也许并不惊人，但随着时间的累积，复利效应引发的倍数增长会越发显著。

例如，每年投资1万元，年收益率为10%，持续投资25年，最终将获得约108.3万元的收益，而投入的本金仅为25万元。这种“利滚利”的效果随着时间的推移变得更加显著。

三、长期投资有助于培养良好的投资习惯和心态

长期投资者通常会关注公司的基本面和长期发展前景，而不是短期的市场波动。这种投资方式需要耐心和理性，不被短期的市场波动左右。通过长期持有，投资者能够更好地了解和评估公司的实际价值，避免因市场波动而做出错误的决策。

以富达麦哲伦基金的传奇经理彼得·林奇（Peter Lynch）为例，他在管理基金期间，年均回报率达到29%，远超市场平均水平。他的成功在很大程度上缘于对公司基本面的深入研究和长期持有优质股票的策略。林奇曾说：“股票市场的短期波动就像感冒一样，不要为此过度担忧。重要的是长期的健康和成长。”这种对长期投资的坚定信念，使得林奇在多年的投资生涯中取得了卓越的成绩。

四、长期投资可以有效降低投资成本

频繁交易不仅会增加交易费用，还可能产生较高的税负，而长期持有则能够减少交易次数，降低投资成本，提高净收益。例如，购买低成本指数基

金并长期持有，不仅可以享受市场的整体回报，还能避免高昂的管理费和交易成本。低成本指数基金的费用率通常较低，其长期回报率也非常可观，是普通投资者实现长期财富增长的理想选择。

以美国先锋集团的创始人约翰·博格尔（John Bogle）为例，他提倡投资者购买低成本指数基金并长期持有。博格尔的研究表明，主动管理的基金由于高昂的管理费和频繁的交易成本，长期回报往往低于市场平均水平。而低成本指数基金则能够紧密跟踪市场指数，费用低，长期回报稳定。博格尔的这一理念帮助无数投资者实现了财富的稳健增长。

五、长期投资可以实现财务目标和生活目标的平衡

通过制订明确的长期投资计划，并坚持执行，投资者可以在实现财务自由的同时，拥有更多的时间和精力去追求其他生活目标。投资的目的不仅是赚钱，更是让自己有资本过上想要的生活。相比于短期投资，长期投资不必每天盯着市场波动，我们可以安心地工作、生活、旅行，享受人生的美好时光。

假设你计划在未来20年内为孩子的大学教育积累资金。通过每个月定投低成本指数基金，保持耐心与理性，你不仅能够为孩子的教育费用做好充足准备，还能在这个过程中享受投资带来的成就感和安全感。长期投资的稳定性和可预见性，使你可以安心地规划未来，不被短期市场波动困扰。

六、长期投资可以带来税收优惠

许多国家对长期持有的投资给予税收优惠政策，如较低的资本利得税率。这意味着长期持有资产不仅能享受复利增长，还能通过税收优惠进一步提高净收益。在美国，持有超过一年的投资所产生的资本利得税率通常低于短期持有的税率。同样，在中国，长期持有股票所产生的红利收入也享有一定的

税收优惠。合理利用这些税务政策，可以进一步优化投资回报。

一位投资者在20年前购买了一些蓝筹股并长期持有。在此期间，这些股票不仅带来了股息收入，还因为公司的持续增长和盈利能力，股价也大幅上涨。由于长期持有，这位投资者不仅享受到了复利增长的好处，还因长期持有而获得了税收优惠，大大提高了净收益。

七、长期投资可以减少情绪化投资的影响

短期市场波动常常引发投资者的恐慌或贪婪，导致频繁交易和不理性的投资策略。理性和稳定的投资心态，有助于避免因市场情绪波动而产生错误决策，实现更稳健的投资回报。

2020年年初的新冠肺炎疫情引发了全球股市的大幅波动，许多投资者因恐慌而抛售股票，造成了巨大损失。然而，那些坚持长期投资策略的投资者则在市场低迷时继续持有甚至增加投资，最终在市场反弹时获得了丰厚的回报。

总结来说，长期投资的优势在于它能够平滑市场波动，充分利用复利效应，实现稳健的财富增长。通过培养良好的投资习惯和心态，减少投资成本，长期投资能够帮助投资者更好地实现财务目标和生活目标。记住，投资就像种树，种得早，果实多，而甜美的果实需要时间积累和耐心等待。

低成本指数基金

2.1 低成本指数基金的定义

低成本指数基金是一种非常受欢迎且适合新手的投资方式，作为一种被动管理的投资工具，近年来在全球范围内，尤其是在中国市场，迅速崛起并广受欢迎。它们因其低廉的管理费用、透明的投资组合、分散的风险以及长期稳定的收益特性，成为许多投资者，特别是新手投资者的首选。本节将详细探讨低成本指数基金的定义，梳理其在中国市场的发展历程，介绍代表性基金以及代表性基金对不同类型投资者的适用性。

一、什么是低成本指数基金？

低成本指数基金是一种旨在复制某一特定市场指数表现的投资工具。市场指数，如标普 500 指数、道琼斯工业平均指数、沪深 300 指数等，都是由一组特定的股票构成，这些股票通常被选为代表整个市场或某一特定行业的表现。指数基金通过购买组成指数的全部或部分股票，力求使投资组合的表现尽可能接近指数本身。这意味着，投资者通过购买低成本指数基金，可以获得与市场整体表现接近的回报，而无须参与个股的选取和交易。

与主动管理基金不同，低成本指数基金并不依赖基金经理的选股技巧和市场判断，而是通过被动地跟踪市场指数来实现投资目标。这种策略的优势在于操作简单、成本低，同时降低了人为决策错误带来的风险。

二、低成本指数基金的起源与发展

低成本指数基金的概念最早由美国先锋集团的创始人约翰·博格尔在20世纪70年代提出。他创建了首只低成本指数基金，即先锋500指数基金，该基金的目标是复制标普500指数的表现，并以低廉的管理费用吸引了大量长期投资者。博格尔的理念是，市场整体表现通常优于个别基金经理的表现，因此，投资者通过持有整个市场来分散风险并降低成本，能够获得更稳健的长期收益。

自先锋500指数基金成立以来，低成本指数基金逐渐在全球推广，并成为投资者构建投资组合的重要工具。特别是在近年来，随着被动投资理念的普及和金融市场的不断发展，低成本指数基金在全球范围内的资产管理规模迅速增长。

三、低成本指数基金在中国市场的发展

中国的低成本指数基金市场虽然起步较晚，但发展迅速。2004年年底，华夏基金推出了国内首只开放式指数基金（ETF）——华夏上证50ETF，标志着中国市场正式进入指数基金时代。此后，各大基金公司纷纷推出了跟踪不同市场指数的低成本指数基金，如沪深300指数基金、中证500指数基金和创业板指数基金等。

中国的低成本指数基金市场主要有以下几个推动因素。

1. 市场需求的增长

随着中国经济的迅速发展，越来越多的个人和机构投资者开始关注如何通过被动投资分享经济增长的红利。低成本指数基金因其透明性、低成本和长期稳定的收益表现，逐渐成为投资者青睐的投资工具。

2. 政策支持

中国政府和监管机构逐步完善了相关法规，鼓励基金公司推出更多的指数基金产品。近年来，随着资本市场的进一步开放和养老金等长期资金的入市，低成本指数基金的需求进一步扩大。

3. 金融科技的发展

互联网金融的发展使得指数基金的购买和管理变得更加便捷，投资者可以通过各种在线平台轻松购买指数基金产品，这也促进了低成本指数基金的普及。

四、中国市场中的代表性低成本指数基金

在中国股票市场中，以下几只低成本指数基金以其管理费用低、规模大、流动性好等特点成为投资者的热门选择。

1. 华夏沪深 300ETF

华夏沪深 300ETF 是中国市场上规模较大且流动性较好的指数基金之一。该基金紧密跟踪沪深 300 指数，涵盖了中国股市中市值最大、流动性最强的 300 只股票。其管理费用率较低，长期持有的投资者可以通过该基金享受中国经济的增长红利。

2. 易方达中证 500ETF

易方达中证 500ETF 主要跟踪中证 500 指数，覆盖了中国市场上中小市值的成长型公司。易方达中证 500 指数通常表现出更高的波动性和增长潜力，适合那些希望通过投资中小盘股票来获得高成长性的投资者。

3．南方创业板 ETF

南方创业板 ETF 主要跟踪创业板指数，涵盖了在深圳创业板上市的成长型公司。随着中国科技创新企业的快速发展，该基金成为许多投资者关注的焦点。其较低的管理费用和广泛的市场覆盖，使其在市场中拥有很强的竞争力。

五、低成本指数基金的适用性

低成本指数基金不仅适合普通投资者，也是机构投资者和养老金等长期资金的重要选择。这类基金特别适合以下几类投资者。

1．长期投资者

对于那些希望在长期内获得稳定回报的投资者来说，低成本指数基金是一个理想的选择。通过长期持有，投资者可以有效应对市场波动，实现资产的稳健增长。

2．初学者和没有时间管理投资的投资者

低成本指数基金的操作简便，投资者不需要深入研究市场或个股，也不需要频繁交易，只需选择合适的指数基金并长期持有，即可实现良好的投资回报。

3．分散风险的投资者

对于那些希望通过分散投资来降低风险的投资者，低成本指数基金通过覆盖大量股票，有效降低了单一股票波动对投资组合的影响，是一种低风险的投资工具。

随着中国市场的不断发展和投资者教育的普及，低成本指数基金将在未来的投资领域中发挥越来越重要的作用。通过合理选择和长期持有这些基金，投资者可以在市场的长期增长中获得稳定的回报，实现个人的财务目标。

2.2 低成本指数基金：花更少的钱，赚更多的钱

正如上一节讲到的，低成本指数基金是一种被动管理的基金，其目标是复制某一市场指数的表现。而普通基金通常是指主动管理的基金，由基金经理和研究团队根据市场分析和预测来选择股票、债券等资产，力求超越市场平均表现。这一节将探讨低成本指数基金与普通基金间的区别，以及低成本指数基金的优势，以帮助投资者做出更明智的投资决策。

低成本指数基金和普通基金虽然都是投资工具，但它们在管理方式、费用结构、风险控制和收益表现等方面有着显著的区别。

一、低成本指数基金与普通基金的区别

1. 管理方式的区别

低成本指数基金采用被动管理策略，不依赖基金经理的选股技巧和市场判断。其投资组合完全按照市场指数的构成来配置资产，目的是紧密跟踪指数的表现。这种被动管理方式使得指数基金的操作简便，不需要频繁调整投资组合，也不需要进行复杂的市场分析。

相反，普通基金是主动管理的基金，基金经理需要根据市场情况和公司基本面来选择和调整投资组合。主动管理基金的投资策略灵活，基金经理可

以根据市场变化及时调整仓位，以期获得超越市场的回报。然而，这种管理方式需要高度专业的市场分析和判断，操作难度较大，基金经理的选股能力和市场判断直接影响基金的表现。

2. 费用结构的区别

低成本指数基金的费用结构显著低于普通基金。由于指数基金采用被动管理策略，不需要支付高薪给基金经理和研究团队，管理费用相对较低。一般来说，低成本指数基金的管理费用率为 0.1% ~ 0.5%，而普通基金的管理费用率通常为 1% ~ 2%。从长期来看，这种费用上的差异会显著影响投资者的最终收益。

例如，假设你投资 10 万元于一只管理费用率为 0.2% 的低成本指数基金和一只管理费用率为 1.5% 的普通基金，年均回报率均为 8%。经过 30 年，低成本指数基金的最终金额约为 85.7 万元，而普通基金的最终金额约为 66.2 万元。管理费用的差异使得低成本指数基金的最终收益远高于普通基金。

3. 风险控制的区别

低成本指数基金通过分散投资来降低风险。由于指数基金的投资组合涵盖了市场中的大量股票，单一股票或行业的风险被有效分散。例如，标普 500 指数基金包含 500 家大型公司的股票，投资者通过购买该指数基金，可以同时持有这 500 家公司的股票，从而有效分散投资风险。即使个别公司表现不佳，由于指数基金持有的是整个市场的股票，整体风险相对较低。

普通基金的风险控制则依赖基金经理的选股能力和投资策略。基金经理可以通过多元化投资和资产配置来降低风险，但由于主动管理基金的投资组合通常较为集中，某些股票或行业的波动可能对基金的整体表现产生较大影响。此外，基金经理的决策失误也可能导致基金表现不佳。因此，普通基金的风险相对较高，需要投资者对基金经理的能力有较高的信任度。

4. 收益表现的区别

低成本指数基金的收益表现通常与其所跟踪的市场指数一致。普通基金的收益表现取决于基金经理的选股能力和市场判断。投资初期，主动管理的股票基金可能会表现得相当不错，特别是在市场行情较好或基金经理选股精准的情况下，收益率可能明显高于市场指数，使得投资者认为主动管理基金是一个更好的选择。

而从长远来看，情况可能会发生变化。由于市场的不确定性和基金经理决策的主观性，主动管理基金的收益率往往会出现波动。研究表明，虽然某些年份主动管理基金的表现优于市场，但随着时间的推移，许多主动管理基金的年化回报率会逐渐低于市场平均水平，管理费和交易成本也会逐步侵蚀投资者的收益。

例如，假设某投资者在20年前分别投资了10万元于一只标普500指数基金和一只表现优异的主动管理股票基金。在最初的几年中，主动管理基金的收益率可能明显高于指数基金，假设前5年主动管理基金的年化回报率为12%，而标普500指数基金的年化回报率为10%。但是，随着时间的推移，市场的不确定性加大，主动管理基金的年化回报率逐渐降至9%，而标普500指数基金维持在10%。经过20年，标普500指数基金的最终金额约为61.2万元，而主动管理基金的最终金额约为56.1万元。

这种情况表明，尽管在短期内主动管理基金可能显得更加有吸引力，但从长期来看，低成本指数基金的稳定性和较低的管理费用使其在整体收益上更具优势。

5. 具体案例分析

为了更好地理解低成本指数基金和普通基金的区别，下面来看几个具体的案例。

案例一：先锋500指数基金与某主动管理基金的比较

先锋 500 指数基金是一只被动管理的指数基金，其目标是紧密跟踪标普 500 指数的表现。该基金的管理费用率仅为 0.04%，长期回报率相对稳定。假设某投资者在 2000 年年初投资了 10 万元于该基金，年化收益率为 7.8%。20 年后，这笔投资的最终金额约为 43.2 万元。

与之相比，某主动管理基金的管理费用率为 1.5%，该基金在前几年通过积极操作获得了 8.5% 的年化收益率。然而，由于市场变化和选股失误，长期回报未能持续跑赢市场，最终年化收益率降低至 7%。假设同一投资者在 2000 年年初也投资了 10 万元于该主动管理基金，经过 20 年的时间，该投资的最终金额约为 38.7 万元。

由此可见，尽管在短期内主动管理基金可能显得更有吸引力，但从长期来看，低成本指数基金由于较低的管理费和稳定的收益，最终表现优于主动管理基金。

案例二：沪深300指数基金与某主动管理的股票基金的比较

沪深 300 指数基金是一只被动管理基金，其目标是复制沪深 300 指数的表现。该基金的管理费用率为 0.5%，长期回报相对稳定，年化收益率为 9%。假设某投资者在 2010 年年初投资了 10 万元于沪深 300 指数基金，经过 10 年的时间，该投资的最终金额约为 23.7 万元。

与之相比，某主动管理的股票基金的管理费用率为 2%。该基金经理在前几年通过积极选股和市场判断，获得了 10% 的年化收益率，但因市场波动和选股失误，最终年化收益率降至 8%。假设同一投资者在 2010 年年初也投资了 10 万元于该主动管理基金，经过 10 年的时间，该投资的最终金额约为 21.6 万元。

二、低成本指数基金的优势

1．低费用率

低成本指数基金最显著的优势是低费用率。主动管理基金需要支付高薪给基金经理和研究团队，同时频繁的交易也会产生高昂的交易成本。而指数基金由于采用被动管理策略，不需要进行频繁交易和复杂的市场分析，管理费用和交易成本都显著降低。成本是决定投资组合表现的最重要因素，持有时间越长，小小的费率差距造成的收益差距则会越大。

2．分散风险

低成本指数基金通过分散投资来降低风险。指数基金的投资组合通常涵盖了市场中的大量股票，单一股票或行业的投资风险被有效分散。分散投资的优势在于，它减少了个别公司或行业波动对投资组合的影响，使投资者能够更稳健地应对市场波动。

3．长期稳定收益

低成本指数基金通过被动跟踪市场指数，能够获得与市场平均水平相当的回报。2007 年，股神巴菲特和一位美国对冲基金经理泰德 · 西德斯曾立下一个赌约，赌约时间是 10 年，巴菲特挑选了世界上第一只面向个人投资者的指数基金，即标普 500 指数基金，西德斯则选择了 5 只对冲基金。在 2008 年至 2017 年的 10 年间，标普 500 指数上涨了 125.8%，而西德斯精心挑选的 5 只对冲基金，平均收益率只有 36.3%。从长期来看，指数基金能够提供较为稳定的投资回报。

4．持仓透明

低成本指数基金的投资组合透明度高，投资者可以清楚地知道自己的资金投向何处。因为指数基金是按市场指数的构成来配置资产的，所以其持仓信息公开透明，投资者可以随时查阅。这种透明度有助于投资者更好地了解自己的投资组合，做出明智的投资决策。相比之下，主动管理基金的投资组合和操作策略通常不公开，投资者难以全面了解其持仓情况和风险敞口。

5．操作简便

低成本指数基金的投资策略简单明了，不需要投资者具备深厚的专业知识或花费大量时间进行研究和分析。投资者只需选择合适的指数基金并长期持有，即可实现稳健的投资回报。这种简便的操作方式使得指数基金非常适合那些没有时间或经验的普通投资者。定期定额投资指数基金（定投）更是一种简便且有效的投资方式。通过定期投入固定金额，不论市场涨跌，投资者都可以平滑投资成本，减少市场波动带来的影响，实现稳定的长期回报。

6．税收效率较高

低成本指数基金由于交易频率低，相对来说税收效率较高。频繁交易的主动管理基金不仅增加了交易成本，还可能导致更高的资本利得税。指数基金的低交易频率意味着它们产生的应税事件较少，从而减轻了投资者的税务负担。例如，在美国，长期持有的资本利得税率通常低于短期持有的税率。低成本指数基金由于较少的交易活动，通常会产生更多的长期资本利得税，从而使投资者能享受更低的税率。

7．被动管理

低成本指数基金采用被动管理策略，不依赖基金经理的选股技巧和市场判断。研究表明，市场是有效的，绝大多数基金经理难以持续战胜市场。被动管理的指数基金通过紧密跟踪市场指数，避免了人为判断失误的风险，从而在长期内获得与市场一致的回报。历史数据表明，许多主动管理基金在扣除管理费和交易成本后，长期回报往往低于市场平均水平。被动管理的指数基金通过低成本和分散投资，提供了更加稳定和可靠的投资回报。

三、选择适合自己的投资工具

理解低成本指数基金和普通基金的区别，有助于投资者根据自身的风险承受能力、投资目标和时间规划，选择适合自己的投资工具。对于大多数普通投资者而言，低成本指数基金是一种更为稳健和简便的投资方式。通过长期持有低成本指数基金，投资者可以享受市场的整体回报，减少管理费用和交易成本，实现财富的稳健增长。

当然，普通基金并非完全不可取，对于那些有较高风险承受能力和对基金经理有高度信任的投资者来说，主动管理基金也是一个不错的选择。关键是投资者需要充分了解基金的管理策略、基金经理的历史表现以及市场环境，并据此做出理性的投资决策。

低成本指数基金与普通基金在管理方式、费用结构、风险控制和收益表现等方面各有特点。低成本指数基金通过被动管理、较低的管理费用和分散投资，提供了稳定的长期回报，非常适合普通投资者进行长期投资。另外，普通基金，尤其是主动管理基金，虽然管理费用相对较高，但通过基金经理的专业选股和市场判断，有可能在短期内获得超越市场平均水平的回报，适合那些希望通过积极管理以追求更高回报的投资者。

通过合理选择和长期持有低成本指数基金，投资者可以在市场的长期增长中获得稳定的回报，实现财务目标。同时，普通基金也为那些愿意承担更高风险并且有意通过基金经理的专业能力获取超额收益的投资者提供了另一种选择。结合个人的投资目标、风险承受能力和市场判断，投资者可以在低成本指数基金与普通基金之间找到适合自己的平衡点。

2.3 选择适合自己的指数基金：费用率、跟踪误差和基金规模

选择适合自己的低成本指数基金是实现投资目标的关键步骤。尽管指数基金本质上是被动管理的，但不同的指数基金在费用率、跟踪误差和基金规模等方面也存在差异。下面将详细探讨如何根据这些因素来选择适合自己的指数基金。

一、费用率

费用率包括基金管理费、托管费和其他运营费用。通常，费用率以年费率的形式表示，即每年按投资资产的百分比收取。费用率是选择指数基金时重要的考虑因素之一，直接影响投资者的实际回报。低费用率能够在长期持有中显著提高投资收益。

例如，美国先锋集团的先锋500指数基金以其极低的费用率著称。假设某投资者在30年内每年投资1万元，年化收益率为8%，费用率为0.04%的指数基金最终金额约为125万元，而费用率为1%的指数基金最终金额仅为107万元。看似微小的费用率差异，在长期持有中对投资回报有显著影响。

在选择指数基金时，投资者应优先考虑那些费用率较低的基金。通常来

说，费用率低于0.5%的指数基金都值得考虑，但投资者应尽量选择费用率在0.1%以下的基金，将长期回报最大化。

二、跟踪误差

跟踪误差是指数基金实际回报与其所跟踪指数回报之间的差异。在理想情况下，指数基金的回报率应与其跟踪的市场指数完全一致，但由于管理费、交易成本和现金拖累等因素，实际回报率通常会略低于指数回报率。跟踪误差越小，基金的表现越接近其所跟踪的指数。

例如，假设某指数基金跟踪标普500指数，而标普500指数在一年内上涨了10%。如果该基金的实际收益率为9.8%，则跟踪误差为0.2%。较小的跟踪误差意味着基金的表现更接近于其跟踪的指数，这对于投资者来说是一个重要的评价指标。

在选择指数基金时，投资者应查看基金的历史跟踪误差数据，并优先选择那些跟踪误差较小的基金。这些数据通常可以在基金公司的网站或基金的招募说明书中找到。

三、基金规模

基金规模是指基金的资产总额。较大的基金规模通常意味着更高的流动性和更低的交易成本，这有助于减小跟踪误差并提高投资效率。大规模基金还能够更好地分摊运营费用，从而降低费用率。

例如，某些规模较大的指数基金，如道富标普500指数基金（SPY）和先锋旗下的指数基金Vanguard Total Stock Market Index Fund（VTSAX），由于其庞大的资产规模，能够以较低的成本进行交易并保持较高的流动性，使得这些基金的跟踪误差和费用率都非常低。

尽管如此，投资者也应注意基金规模过大带来的潜在问题。过大的基金规模可能导致基金难以灵活调整持仓，特别是在市场波动较大时，基金经理可能难以快速响应。因此，投资者应选择那些规模适中且运营良好的基金。

四、投资目标和风险承受能力

在选择指数基金时，投资者应考虑自己的投资目标和风险承受能力。不同的指数基金跟踪不同的市场指数，其风险和回报特征各不相同。

比如，标普 500 指数基金主要投资于美国的大型公司，风险相对较低，适合寻求稳定回报的投资者。而纳斯达克 100 指数基金（QQQ）则主要投资于科技公司，波动性较大，但长期回报潜力更高，适合风险承受能力较高的投资者。

对于那些希望通过国际多元化来降低风险的投资者，可以考虑投资跟踪全球市场指数的基金，如 MSCI 全球指数基金（MSCI World Index Fund）或 MSCI 新兴市场指数基金（MSCI Emerging Markets Index Fund）。这些基金通过投资于不同国家和地区的股票，实现全球范围的分散投资，从而降低单一市场的风险。

五、历史表现和管理团队

尽管指数基金是被动管理的，但基金的历史表现和管理团队的经验也值得关注。投资者应查看基金的历史回报数据，了解其在不同市场环境下的表现。此外，具有丰富经验和良好声誉的管理团队能更有效地管理基金，减小跟踪误差和降低运营成本。

例如，先锋公司和贝莱德（BlackRock）等知名基金公司，其指数基金不仅费用率低、跟踪误差小，而且管理团队经验丰富，值得投资者信赖。

六、投资渠道和便利性

选择适合自己的指数基金还需考虑投资渠道和便利性。不同的基金公司和投资平台提供的服务和费用结构有所不同。投资者应选择那些操作简便、交易成本低且提供全面服务的平台进行投资。例如，许多在线券商和投资平台提供低费用的指数基金交易服务，并且支持定投和自动再投资功能，这有助于投资者实现长期投资目标。

七、具体案例分析

为了更好地理解如何选择适合自己的指数基金，我们来看几个具体的案例。

案例一：投资美国市场

假设某投资者想要投资美国市场，并寻找一只费用率低、跟踪误差小且规模适中的指数基金。通过比较，该投资者选择了 Vanguard 500 Index Fund（VFIAX）。该基金跟踪标普 500 指数，费用率仅为 0.04%，规模超过 5000 亿美元，历史跟踪误差小于 0.1%。长期来看，该基金的表现非常接近标普 500 指数，适合寻求稳定回报的投资者。

案例二：投资全球市场

另一位投资者希望通过全球多元化投资来降低风险，并选择了先锋旗下股票基金 Vanguard Total World Stock Index Fund（VTWSX）。该基金跟踪 FTSE 全球指数，覆盖了全球 50 多个国家和地区的股票，费用率为 0.1%，规模约为 150 亿美元。通过投资于全球市场，该投资者能够分散单一市场的风险，实现稳健的长期回报。

案例三：投资新兴市场

一位风险承受能力较高的投资者希望通过投资新兴市场获取更高的长期回报。他选择了 iShares MSCI 新兴市场 ETF（EEM），该基金跟踪 MSCI 新兴市场指数，涵盖了中国、印度、巴西等新兴市场国家的股票。费用率为 0.68%，规模约为 300 亿美元。尽管新兴市场波动较大，但长期来看，该基金有望带来更高的回报。

选择适合自己的指数基金需要综合考虑费用率、跟踪误差、基金规模、投资目标和风险承受能力等因素。低费用率、跟踪误差小、规模适中且历史表现良好的指数基金是实现长期稳健投资的理想选择。通过合理选择和长期持有低成本指数基金，投资者可以在市场的长期增长中获得稳定的回报，实现财务目标。

2.4 低成本指数基金的购买渠道

购买低成本指数基金是一项相对简单的投资活动，而找到合适的购买渠道至关重要。选择正确的渠道不仅可以节省费用，还能提供便捷的操作和全面综合的投资服务。以下是购买低成本指数基金的主要渠道及其优缺点。

一、网上券商

网上券商是购买低成本指数基金最受欢迎的渠道。通过网上券商，投资者可以轻松地买入、卖出和管理自己的指数基金。

1．优势

（1）费用低。大多数网上券商的交易费用较低，甚至有些平台提供零佣金交易。

（2）操作便利。网上平台提供直观的用户界面，投资者可以轻松地进行账户管理和交易操作。

（3）选择广泛。投资者可以选择各种指数基金，包括国内和国际市场的基金。

（4）提供研究工具。大多数网上券商提供丰富的研究工具和资源，帮助投资者做出明智的决策。

2. 劣势

（1）缺乏个性化服务。尽管网上券商提供许多资源，但缺乏面对面的个性化投资建议。

（2）技术依赖。需要依赖互联网和平台的技术支持，若平台出现技术问题，可能会影响交易。

二、传统银行和投资公司

许多传统银行和投资公司也提供购买低成本指数基金的渠道。通过这些机构，投资者可以获得更全面的服务和更专业的投资建议。

1. 优势

（1）投资建议专业。银行和投资公司的理财顾问可以提供个性化的投资建议和专业服务。

（2）全面服务。投资者可以将各种金融服务（如银行账户、贷款、保险等）集中在同一机构，方便管理。

（3）安全性高。传统金融机构通常具有较高的安全性和信誉。

2. 劣势

（1）费用较高。传统银行和投资公司通常收取较高的管理费和交易费用。

（2）操作复杂。相对于网上券商，传统机构的操作流程相对复杂，投资者需要花费更多时间办理手续。

三、基金公司

通过基金公司购买低成本指数基金是一种直接且便捷的方式。许多中国的大型基金公司，如华夏基金、易方达基金和南方基金，都允许投资者直接在其官网或通过各大理财平台购买指数基金。这些公司提供了多种指数基金产品，涵盖了沪深300、中证500、创业板等多个市场指数，为投资者提供了更为丰富的选择。

1. 优势

（1）费用最低。直接通过基金公司购买基金通常可以避免中介费用，享受最低的费用率。

（2）服务专业。基金公司提供的专业服务和资源有助于投资者做出明智的决策。

（3）提供自动投资计划。许多基金公司提供自动定投计划，帮助投资者定期投资，平滑市场波动。

2. 劣势

（1）选择有限。投资者只能购买该基金公司旗下的产品，选择范围较为有限。

（2）缺乏综合服务。相比综合金融服务机构，基金公司通常只提供与投资相关的服务。

四、财务顾问

财务顾问可以根据投资者的财务状况、投资目标和风险承受能力，提供个性化的投资建议和服务。

1. 优势

（1）个性化建议。财务顾问针对投资者的个人情况提供量身定制的投资建议。

（2）全面服务。财务顾问通常提供包括投资规划、税务筹划和退休规划在内的全面服务。

（3）长期合作。投资者可以与财务顾问建立长期合作关系，持续获得专业支持。

2．劣势

（1）费用较高。财务顾问的服务费用较高，包括咨询费和管理费。

（2）个人能力依赖性大。财务顾问的专业水平和服务质量参差不齐，投资者需要谨慎选择。

五、智能投顾平台

智能投顾平台（Robo-advisors）是一种新兴的投资渠道，通过算法和技术为投资者提供自动化、低成本的投资管理服务。智能投顾平台根据投资者的风险偏好和投资目标，自动配置和管理投资组合。

1．优势

（1）费用低。智能投顾平台的管理费用通常较低，比传统财务顾问便宜得多。

（2）自动化管理。平台自动管理投资组合，包括定期再平衡和税务优化，节省投资者的时间和精力。

（3）操作简便。大多数智能投顾平台提供用户友好的界面和简便的操作流程。

2．劣势

（1）缺乏个性化服务。尽管智能投顾平台提供自动化管理，但缺乏面对面的个性化建议。

（2）技术依赖。投资者需要依赖平台的算法和技术，若平台出现问题，可能影响投资管理。

六、具体案例分析

为了更好地理解这些购买渠道的实际应用，下面来看几个具体的案例。

案例一：通过网上券商购买指数基金

上班族李先生，想要通过投资以实现财务自由。他选择了一家知名的网上券商，并开设了一个投资账户。通过该平台，李先生发现了一只费用率低、表现稳定的标普500指数基金。网上券商的交易费用低，平台操作简便，李先生每个月定投1000元，并利用平台提供的研究工具进行学习。几年下来，李先生的投资收益稳步增长，他对网上券商的便捷性和低成本感到非常满意。

案例二：通过传统银行购买指数基金

张女士是一位退休教师，她希望通过稳健的投资来保障自己的退休生活。张女士选择了她长期使用的银行，并在理财顾问的建议下，购买了一只费用率较低的沪深300指数基金。通过银行的专业服务和安全保障，张女士感到非常放心。虽然银行的管理费用稍高，但专业的建议和全面的服务让她觉得物有所值。

案例三：直接通过基金公司购买指数基金

王先生是一位资深投资者，对市场有一定的了解。他选择直接通过先锋公司官网购买Vanguard Total Stock Market Index Fund。这种直接购买的方式让王先生享受到了最低的费用率，并且可以利用先锋公司提供的自动定投功能，定期增加投资金额。通过这种方式，王先生成功构建了一个低成本、分散化的投资组合。

案例四：通过智能投顾平台购买指数基金

李小姐是一位科技公司员工，她工作繁忙，但希望能合理管理自己的投资。于是，她选择了一家知名的智能投顾平台，并根据自己的风险偏好设置了投资目标。平台自动为她配置了一只全球市场指数基金和一只债券基金。每月固定金额自动投资，平台还提供自动再平衡和税务优化服务。李小姐对这种自动化和低成本的投资方式非常满意。

选择合适的购买渠道对于低成本指数基金的投资成功至关重要。网上券商以其低费用和操作简便成为许多年轻投资者的首选；传统银行和投资公司则提供专业建议和全面服务，适合寻求安全和专业服务的投资者；直接通过基金公司购买则可享受最低的费用率；财务顾问提供个性化和全面的财务规划服务，适合需要业务支持的投资者；智能投顾平台通过自动化管理和低成本优势吸引了许多时间有限但希望合理投资的群体。

每个渠道都有其优缺点，投资者应根据自身的需求和偏好，选择最适合自己的渠道进行低成本指数基金的投资。

投资组合构建

3.1 投资组合的概念：像拼乐高一样拼出财富

构建投资组合是每个投资者必须掌握的一项技能。就像拼乐高一样，通过将不同的资产拼接在一起，投资者可以打造一个多元化、风险适中且具有稳定回报的投资组合。投资组合的目标是通过合理配置各种资产，平衡风险与回报，实现财富的稳健增长。

投资组合是由多种不同类型的资产构成的，这些资产可能包括股票、债券、房地产、现金等。通过将资金分散投资于不同类型的资产，投资者可以降低单一资产的风险，从而获得更稳健的投资回报。分散投资的基本原理是，不同资产类别在同一时间内可能表现不同，当一种资产表现不佳时，其他资产可能表现良好，从而平滑整体投资组合的波动。

构建一个成功的投资组合，不是简单地将资金分配到不同的资产中，而是一个系统化的过程，涵盖了多元化投资、资产配置、定期再平衡、个性化定制以及持续学习等关键环节。通过综合运用这些方法，投资者可以在降低风险的同时，将投资组合的回报最大化。以下几点将详细阐述每个环节的重要性及其在投资组合构建中的应用。

一、多元化投资

构建投资组合的核心在于多元化投资。多元化投资是指将资金分散投资于不同的资产类别、行业和地区，以降低投资风险。例如，股票市场的波动性较大，但长期回报较高；债券市场的波动性较小，但回报相对稳定；房地产具有保值增值的特点，但一次性投入比较大；现金则提供了资金流动性保障。通过将资金分散投资于这些不同的资产类别，投资者可以有效降低单一资产类别波动带来的风险。

钟先生是一名30岁的白领，他决定每年投资10万元构建一个多元化的投资组合。他将50%的资金（5万元）投资于股票、基金类市场，买入了一只低成本指数基金和几只优质蓝筹股；30%的资金（3万元）投资于债券类市场，其中包括政府债券和公司债券；10%的资金（1万元）投资于房地产投资信托基金（REITs），剩余的10%（1万元）留为现金储备。通过这种多元化投资的方式，钟先生的投资组合在享受股票市场长期增长的同时，也具备了债券市场的稳定性和房地产市场的保值增值特点，还留有现金储备以备不时之需。

二、资产配置

资产配置是构建投资组合的关键。资产配置是指根据投资者的风险承受能力、投资目标和时间规划，将资金合理分配到不同的资产类别中。资产配置的目标是通过平衡不同资产类别的风险与回报，以取得投资组合的最佳效果。投资者可以根据自己的风险承受能力，将资金分配到不同风险等级的资产中。例如，风险承受能力较高的年轻投资者可以将较大比例的资金投资于股票市场，而风险承受能力较低的退休投资者则可以将较大比例的资金投资于债券和现金储备等低风险资产。

张女士是一名45岁的中年人，计划在20年后退休，她的风险承受能力较低，因此，在她的投资组合中，股票的比例较小，而债券和现金储备的比例较大。她将30%的资金投资于股票市场，40%的资金投资于债券市场，

20%的资金投资于房地产，剩余的10%留为现金储备。通过这种资产配置，张女士的投资组合在保持一定增长潜力的同时，具备了较高的稳定性和流动性。

三、定期再平衡

投资组合的构建需要定期再平衡。再平衡是指投资者根据市场变化和资产表现，定期调整投资组合的资产配置比例，以保持与原始资产配置计划的一致性。市场波动可能导致投资组合中某些资产的比例发生变化，从而打破原有的资产配置平衡。通过定期再平衡，投资者可以将偏离的资产比例调整回预定水平，从而维持投资组合的风险水平和回报率。

王先生在2020年年初构建了一个包含50%股票、30%债券和20%现金的投资组合。之后，由于股市的强劲上涨，股票比例上升至65%，而债券和现金比例分别下降至20%和15%。在这种情况下，股票占比过高，增加了风险暴露。为了恢复平衡，王先生决定卖出部分股票，并将所得资金重新分配至债券和现金，最终恢复到原定的资产配置比例。

通过这样的再平衡操作，王先生不仅降低了投资组合的波动风险，还确保了他长期投资目标的实现。

四、个性化定制

投资组合的构建还应考虑投资者的个人情况和投资目标。不同的投资者有不同的财务状况、风险偏好和投资目标，投资组合的构建应根据这些个体差异进行个性化定制。年轻投资者通常具有较高的风险承受能力，可以将较大比例的资金投资于股票市场，以追求长期增长。而年长投资者则需要更加稳健的投资策略，以确保退休后的财务安全。家庭状况、收入水平和支出需求等因素也会影响投资组合的构建。例如，有孩子的家庭可能需要预留一部分资金用于教育储蓄，而即将退休的投资者则需要更多的现金储备以应对生活开支。

五、持续学习

投资组合的成功构建离不开持续的学习和调整。金融市场是动态变化的，投资者需要不断学习新的投资知识，跟踪市场动态，及时调整投资策略。通过阅读专业书籍、参加投资讲座和咨询财务顾问等方式，投资者可以不断提升自己的投资能力，优化投资组合的构建和管理。

总的来说，投资组合的构建就像拼乐高，通过合理配置不同的资产，投资者可以打造一个多元化、风险适中且具有稳定回报的投资组合。多元化投资、合理资产配置、定期再平衡、个性化定制和持续学习是构建成功投资组合的关键。通过这些方法，投资者可以在市场的长期增长中获得稳健的回报，实现财务目标。

3.2 构建广泛多样的投资组合：别把所有“鸡蛋”放在一个“篮子”里

想象一下，你在农场散步，手里拿着一个装满了鸡蛋的篮子。突然，你被一只松鼠吓了一跳，篮子掉在地上，鸡蛋全碎了。这个经典的场景告诉我们一个投资的真理：别把所有“鸡蛋”放在一个“篮子”里。是的，在投资世界里，多样化投资组合就像装有鸡蛋的多个篮子，可以有效地降低风险，提高收益。

多样化投资组合是为了减少单一资产或市场波动带来的风险。如果我们只投资某一只股票，当这只股票遇到麻烦时，我们的投资就会受到严重影响。但如果我们将资金分散投资于不同行业、不同地区的多只股票，单一公司的问题对我们的整体投资影响就会小得多。就像我们有好几个篮子，即使一个篮子出现了问题，其他篮子里的鸡蛋仍然安然无恙。

小王决定把他所有的钱都投在某个热门科技公司上，因为他听说这个公司未来的发展潜力无限。但不幸的是，这家公司由于管理层的决策失误，股价暴跌，小王的投资损失惨重。要是小王早知道多样化投资的好处，把资金分散在科技、医疗、消费品等多个行业，结果可能会好得多。其他行业的稳定表现可以弥补科技股的损失，小王也就不会损失这么大了。

那么，如何构建一个广泛多样的投资组合呢？这就像拼乐高积木，你需要用不同颜色、不同形状的积木来拼出一幅美丽的图画。投资组合中不同类型的资产可以包括股票、债券、房地产、现金和现金等价物、商品和另类投资。

首先，股票代表公司的一部分所有权，是长期投资的重要组成部分。我们可以选择不同行业、不同规模（如大型公司、小型公司）和不同地区（如国内市场、国际市场）的股票。这种分散投资能够有效地降低风险。例如，当科技股表现不佳时，消费品股可能表现不错，从而平衡我们的整体投资回报。

其次，债券是投资组合中另一个重要组成部分。债券通常被视为比股票更稳定的投资，因为它们提供固定的利息收益，并在到期时返还本金。投资于政府债券、企业债券和地方债券等不同类型的债券，可以进一步分散风险。例如，当股市波动较大时，债券市场往往表现稳定，能够为我们的投资组合提供一定的保护。

再次，房地产也是一个很好的多样化投资选择。通过购买房地产投资信托基金（REITs），我们可以投资于商业地产、住宅地产等不同类型的房地产，享受租金收益和房产增值的双重好处。比如，当股市表现不佳时，房地产市场的收益可以为我们的投资组合提供支撑。

又次，现金和现金等价物（如货币市场基金和短期国债），是投资组合中不可或缺的一部分。它们提供了流动性，使我们在需要时能够快速获得现金。同时，现金等价物也可以在市场波动时提供安全保障。就像我们在所有篮子里都放了一些鸡蛋，随时可以拿出来食用。

最后，商品和另类投资也可以作为多样化投资组合的一部分。商品投资包括黄金、石油、农产品等，这些资产通常与股票和债券的表现相关性较低。当股市和债市出现波动时，商品市场可能会表现相对稳定。另类投资，如私募股权、对冲基金和基础设施投资等，也能为投资组合提供额外的收益来源和分散风险。

现在，你可能会问：如何确定每种资产在投资组合中的比例呢？这取决于你的风险承受能力、投资目标和时间规划。一般来说，年轻投资者可以承担更高的风险，因此可以将较大比例的资金投资于股票；即将退休的投资者则需要更多的稳定性，可以增加债券和现金的比例。

小明是一个30岁的年轻投资者，他决定将70%的资金投资于股票，20%投资于债券，10%投资于房地产和现金。通过这种分配，小明的投资组合既有增长潜力，又有一定的稳定性。而李女士是一个即将退休的教师，她将50%的资金投资于债券，30%投资于股票，20%投资于房地产和现金。这种配置能够在保障稳定收益的同时，保留一定的增长潜力。

再平衡是保持投资组合多样化的关键。市场波动可能导致我们原本的资产配置比例发生变化。比如，股票市场大涨后，我们的股票比例可能从70%上升到80%。此时，我们需要卖出一部分股票，购买债券或其他资产，以恢复原有的资产配置比例。这就像我们需要定期检查每个篮子里鸡蛋的数量，确保它们都保持在合适的水平。

构建多样化投资组合还需要不断学习和调整。金融市场是动态变化的，投资者需要不断学习新的投资知识，跟踪市场动态，及时调整投资策略。通过阅读专业书籍、参加投资讲座和咨询财务顾问等方式，投资者可以不断提升自己的投资能力，优化投资组合的构建和管理。

总而言之，别把所有鸡蛋放在一个篮子里，多样化投资组合能够有效降低投资风险，提高投资收益。通过合理配置股票、债券、房地产、现金和其他资产，定期再平衡，持续学习和调整，这样才能保证我们的资产长期稳定地增长。投资不仅是一门科学，也是一门艺术，让我们在这条道路上不断探索，享受管理财富的乐趣。

3.3 分散投资风险：通过资产配置、多元化投资和定期再平衡降低风险

正如前文分析的，投资的世界充满了不确定性和风险。即使是最有经验的投资者，也无法完全避免市场波动、经济衰退或公司倒闭等因素带来的风险。然而，通过科学的资产配置、多元化投资和定期再平衡，投资者可以有效降低这些风险，获得更加稳健的投资回报。

一、资产配置：构建稳健投资的基石

从前面我们了解到，资产配置是指根据投资者的风险承受能力、投资目标和时间规划，将资金合理分配到不同的资产类别中。正确的资产配置能够平衡风险与回报，使投资组合在不同的市场环境中表现得更加稳健。

1. 风险承受能力

每个投资者的风险承受能力不同，通常取决于年龄、财务状况和心理因素。年轻投资者通常具有较高的风险承受能力，因为他们有较长的投资时间来应对市场波动。而年长的投资者则需要更高的稳定性和安全性，所以他们的风险承受能力较低。

2. 投资目标

投资者的投资目标也会影响资产配置。短期目标如买房、结婚、教育储蓄等需要更高的流动性和安全性；而长期目标如退休规划则可以承担更多的风险以追求更高的回报。

3. 时间规划

投资时间越长，投资组合越能承受短期波动，从而获得长期回报。因此，投资时间长的投资者可以选择较高风险的资产；投资时间短的投资者则应选择较低风险的资产。

二、多元化投资：分散风险的有效策略

多元化投资是通过投资于不同类别、行业和地区的资产，来分散投资风险。这种策略基于现代投资组合理论，其核心思想是“不要把所有鸡蛋放在一个篮子里”。

1. 资产类别多元化

资产类别多元化是指将资金分散投资于不同类别的资产，如股票、债券、房地产、现金和商品等。不同类别的资产风险和回报特性各不相同，通过多元化投资，可以降低单一资产类别波动对整体投资组合的影响。

2. 行业多元化

行业多元化是指将资金分散投资于不同行业的资产，如科技、医疗、消费品、金融等。不同的行业在经济周期中的表现各不相同，通过行业多元化，能够降低单一行业波动对投资组合的影响。

3. 地区多元化

地区多元化是指将资金分散投资于不同的国家和地区，如美国、中国、

欧洲等传统市场和新兴市场。不同地区的经济增长和市场表现各不相同，通过地区多元化，可以降低单一国家或地区波动对投资组合的影响。

4. 具体案例分析

为了更好地理解多元化投资的优势，下面来看几个具体的案例。

案例一：资产类别多元化

李先生，35 岁的长期投资者，重视分散风险并寻求稳健的财富增长。他的投资组合包括 40% 的股票，这部分资金主要投向标普 500 指数基金以及一些增长潜力较高的国际股票基金；30% 的资金用于政府和公司债券，以平衡收益和风险；20% 投资于房地产，通过房地产投资信托基金（REITs）来参与房地产市场的波动；剩余的 10% 投资于现金及黄金等商品类资产，增强抗通胀能力。通过这样的资产类别多元化，李先生的投资组合不仅在经济波动中更稳定，还能在多个市场环境中获得较好的回报。

案例二：行业多元化

张女士，45 岁，着眼于捕捉不同行业的增长机会以降低投资组合的风险。她将 50% 的资金投向科技行业，配置于一些领先的科技公司；20% 投资于医疗行业，涵盖大型制药公司和医疗设备企业；20% 投向消费品领域，购买知名品牌的股票；最后的 10% 投资于金融行业，尤其是银行和保险公司的股票。通过行业的多元化，张女士的投资组合在不同行业周期中表现出较强的抗风险能力，即使某些行业受到冲击，其投资也能保持相对稳定的回报。

案例三：地区多元化

王先生，55 岁，期望通过全球市场的多元化投资来分散风险并捕捉不同地区的增长潜力。他将 40% 的资金配置到美国市场，投资于蓝筹股和科技类公司；30% 投资于欧洲，关注能源和消费品等具有增长潜力的行业；20% 的资金配置于亚洲新兴市场，尤其是快速发展的科技和制造领域；最后的 10% 则用于新兴市场，投向有高增长潜力的国家和地区。地区多元化使得王先生的投资组合在不同区域市场的波动中能够保持相对稳健的增长。

三、定期再平衡：保持投资组合稳定的关键

定期再平衡是指投资者根据市场变化和资产表现，定期调整投资组合的资产配置比例，以保持与原始资产配置计划的一致性。市场波动可能导致投资组合中某些资产的比例发生变化，从而打破原有的资产配置平衡。通过定期再平衡，投资者可以将偏离的资产比例调整回预定水平，从而维持投资组合的风险水平和回报特性。

1. 再平衡的频率

再平衡的频率可以根据个人情况和市场环境来确定。一般来说，投资者可以选择每年、每半年或每季度进行一次再平衡。再平衡的频率不宜过高，以免增加交易成本和税务负担。

李先生选择每年年底对投资组合进行一次再平衡。如果股票市场大涨，导致股票比例从原本的 50% 上升到 60%，他会卖出一部分股票，购买债券和现金等其他资产，以恢复原有的资产配置比例。

2. 再平衡的具体操作

再平衡的具体操作可以通过卖出表现过好的资产，购买其他资产来实现。这样不仅可以恢复原有的资产配置比例，还能够“低买高卖”，提高整体投资回报。

张女士发现她的投资组合中，科技股的比例从原本的 50% 上升到 70%，

而医疗股的比例从原本的20%下降到10%。她可以卖出一部分科技股，购买医疗股，以恢复原有的资产配置比例。

3. 再平衡的好处

再平衡的好处在于，它能够帮助投资者保持原有的投资计划，避免因市场波动而偏离目标。通过再平衡，投资者可以控制投资组合的风险，确保投资组合在不同市场环境中表现得更加稳健。

通过科学的资产配置、多元化投资和定期再平衡，可以有效降低投资风险，获得稳健的长期回报。资产配置帮助我们根据风险承受能力、投资目标和时间规划，合理分配资金；多元化投资通过分散风险，降低单一资产波动对投资组合的影响；再平衡则帮助我们在市场波动中保持投资纪律，维持原有的资产配置计划。

每个投资者的情况不同，适合的再平衡策略也会有所不同。通过不断学习和优化投资策略，可以在实现财务目标的道路上走得更稳、更远。

3.4 合理配置股票、债券与其他资产

投资组合的核心在于合理配置各种资产，以实现风险和收益的最佳平衡。股票、债券和其他资产（如房地产、现金、商品等）各有其独特的风险和回报特性，通过合理配置，可以打造一个稳健且具有增长潜力的投资组合。

一、股票：资产增长的引擎

股票是投资组合中最具增长潜力的资产，但同时也是波动性最大的资产。股票代表公司的一部分所有权，通过投资股票，投资者可以分享公司的经营利润。长期来看，股票市场的回报通常高于其他资产类别，但短期内的波动性也较大。

在配置股票时，投资者应慎重考虑以下几个方面。

1. 多元化股票投资

多元化股票投资是降低单一股票风险的重要策略。通过投资不同公司、行业和地区的股票，可以有效分散投资风险。例如，投资者可以选择一些大型蓝筹股、成长型股票和国际股票，构建一个多元化的股票投资组合。

李先生将 50% 的股票类资金投资于标普 500 指数基金，20% 投资于纳斯达克 100 指数基金，20% 投资于新兴市场股票基金，10% 投资于几只具有

高增长潜力的科技公司股票。通过这种多元化配置，李先生的股票投资组合在不同市场环境中表现得更加稳健。

2. 平衡成长股与价值股

成长股和价值股在不同市场周期中表现各异。成长股通常是那些具有高增长潜力的公司股票，其市盈率较高，但未来盈利预期强劲；而价值股则是那些被市场低估的公司股票，其市盈率较低，但基本面稳定。通过平衡成长股与价值股，可以获得更稳定的投资回报。

张女士将50%的股票类资金投资于成长型股票基金，另外50%投资于价值型股票基金。在经济繁荣时期，成长股可能表现优异，而在经济衰退时期，价值股则可能提供更好的防御性。通过平衡成长股与价值股，张女士的投资组合在不同经济周期中能够更好地应对市场波动。

二、债券：资产稳定的支柱

债券是相对稳定的投资工具，提供固定的利息收益和较低的风险。债券在投资组合中起到平衡和防御的作用，特别是在股票市场波动较大时，债券的稳定性能够提供一定的安全保障。

在配置债券时，投资者应考虑以下几个方面。

1. 多元化债券投资

多元化债券投资可以降低单一债券的信用风险和利率风险。通过投资不同类型、不同期限和不同发行主体的债券，可以构建一个多元化的债券投资组合。例如，投资者可以选择政府债券、企业债券、地方政府债券和国际债券等，进行多元化投资。

王先生将50%的债券资金投资于政府债券，30%投资于高评级企业债券，

10% 投资于地方政府债券，10% 投资于新兴市场债券。通过这种多元化配置，王先生的债券投资组合能够有效分散风险，并在不同市场环境中提供稳定的收益。

2. 平衡长期债券与短期债券

长期债券和短期债券的风险和收益特性不同。长期债券通常提供较高的利息收益，但对利率变化更为敏感；短期债券则波动性较小，但利息收益较低。投资者通过平衡长期债券与短期债券，可以获得更稳定的投资回报。

李先生将 50% 的债券资金投资于长期政府债券，另外 50% 投资于短期企业债券。在利率上升时期，短期债券的波动性较小，能够提供一定的安全保障；而在利率下降时期，长期债券则能够提供更高的资本增值。通过平衡长期债券与短期债券，李先生的投资组合在不同利率环境中表现得更为稳健。

三、其他资产：资产多样化的补充

除了股票和债券，其他资产如房地产、现金、商品等也可以在投资组合中起到重要的补充作用。通过配置这些资产，投资者可以进一步分散风险，提升投资组合的稳定性和多样性。

1. 房地产投资

房地产具有保值增值的特点，是投资组合中重要的多元化资产。投资者可以通过购买房地产投资信托基金（REITs）或直接投资房地产，获得租金收益和资本增值。

2. 现金和现金等价物

现金和现金等价物（如货币市场基金、短期国债等），是投资组合中的流动性保障。它们不仅提供了必要的流动性，还能在市场波动较大时提供资产安全保障。

3. 商品投资

商品如黄金、石油、农产品等，通常与股票和债券的表现相关性较低，可以作为对冲工具。投资者可以通过购买商品 ETF 或直接投资商品市场，增加投资组合的多样性。

李先生将 50% 的资金投资于黄金 ETF，另外 50% 投资于石油 ETF。黄金作为避险资产，在市场不确定性较大时往往表现良好；而石油作为重要的能源资源，在经济复苏和增长时期通常会有不错的表现。通过配置黄金、石油等商品资产，李先生的投资组合在不同的市场环境中表现得更加均衡。

四、心理因素与投资纪律

在投资过程中，心理因素对投资决策有重要影响。市场波动和情绪变化常常导致非理性的投资行为，如盲目跟风、过度交易等。通过合理的资产配置和纪律性的再平衡，投资者可以克服情绪波动，实现理性的投资决策。

1. 保持冷静与理性

投资者在市场波动时应保持冷静与理性，不被短期市场情绪左右。合理的资产配置和再平衡策略能够提供明确的行动指南，帮助投资者在市场波动中保持投资纪律。

2. 设定明确的投资目标

明确的投资目标可以帮助投资者在市场波动中保持方向感。无论市场如何变化，投资者都应坚持自己的投资目标和策略，通过定期再平衡，确保投资组合始终符合预定的风险和回报特性。

五、案例分析：构建合理的投资组合

为了更好地理解如何合理配置股票、债券与其他资产，下面来看几个具体的投资组合案例。

案例一：李先生的长期投资组合

李先生是一名30岁的年轻投资者，计划在未来30年内积累退休资金。他的风险承受能力较高，因此选择了较高的股票配置比例。李先生的投资组合如下。

60%股票类资产：包括标普500指数基金（30%）、纳斯达克100指数基金（20%）、新兴市场股票基金（10%）。

30%债券：包括政府债券（20%）、高评级企业债券（10%）。

5%房地产：通过房地产投资信托基金（REITs）投资。

5%现金和商品：包括货币市场基金（3%）和黄金ETF（2%）。

每年年底，李先生会检查投资组合的表现，并根据市场变化进行再平衡。通过这种配置和定期再平衡，李先生的投资组合在长期内实现了稳健的增长，同时在市场波动中表现较为稳定。

案例二：张女士的中期投资组合

张女士是一名45岁的投资者，计划在10年内为孩子的大学教育储蓄。她的风险承受能力中等，因此选择了较为均衡的资产配置比例。张女士的投资组合如下。

50%股票类资产：包括标普500指数基金（30%）、国际股票基金（20%）。

30%债券：包括政府债券（20%）、公司债券（10%）。

10%房地产：通过房地产投资信托基金（REITs）投资。

10%现金和商品：包括货币市场基金（5%）和石油ETF（5%）。

每半年，张女士会检查一次投资组合的表现，并根据市场变化进行再平衡。通过这种配置和定期再平衡，张女士的投资组合在中期内实现了稳健的增长，并且在市场波动中表现得较为稳定。

案例三：王先生的短期投资组合

王先生是一名55岁的投资者，计划在5年内为自己和家人的退休生活做准备。他的风险承受能力较低，因此选择了较低的股票配置比例和较高的债券配置比例。王先生的投资组合如下。

30%股票类资产：包括标普500指数基金（20%）、优质蓝筹股（10%）。

50%债券：包括政府债券（30%）、高评级企业债券（20%）。

10%房地产：通过房地产投资信托基金（REITs）投资。

10%现金和商品：包括货币市场基金（7%）和黄金ETF（3%）。

每季度，王先生检查一次投资组合的表现，并根据市场变化进行再平衡。通过这种配置和定期再平衡，王先生的投资组合在短期内实现了稳健的增长，并且在市场波动中具有较高的安全性。

合理配置股票、债券与其他资产是构建稳健投资组合的关键。通过科学的资产配置、多元化投资和定期再平衡，投资者可以有效降低风险，获得长期稳健的回报。在配置股票时，注重多元化投资和平衡成长股与价值股；在配置债券时，注重多元化投资和平衡长期债券与短期债券；在配置其他资产时，考虑房地产、现金和商品的多样性。

3.5 再平衡投资组合：定期给你的组合做“体检”

在本章的第三节中，我们已经了解到很多再平衡的理论与实践，即把投资组合恢复到最初的目标配置。在投资过程中，再平衡可以帮助投资者在市场波动中保持投资组合的稳定性。通过定期调整资产配置比例，再平衡确保投资者不偏离最初设定的风险和回报目标。这种策略不仅有助于控制风险，还能在市场波动中保持投资纪律，获得更稳健的长期回报。在本节中，为了更好地理解再平衡的重要性，下面来看几个具体的案例。

案例一：再平衡在市场上涨时的作用

王女士是一位40岁的投资者，她在2020年年初构建了一个由60%股票、25%债券和15%现金组成的投资组合。她的股票投资主要包括一些知名公司，如苹果公司（Apple Inc.）、微软公司（Microsoft Corp.）和亚马逊（Amazon.com, Inc.）。

在2020年，由于新冠肺炎疫情客观上推动了数字化转型和在线购物的需求，科技股表现出色，特别是苹果公司和微软公司的股价大幅上涨，分别上涨了80%和40%。与此同时，亚马逊由于电商需求的激增，其股价上涨了75%。这些因素使得王女士的股票比例在年底前上升至70%，而债券和现金的比例则下降至20%和10%。

为了维护她的资产配置目标，王女士在年底进行了再平衡，将股票的比例调整回60%，并将多余的资金重新分配至债券和现金，尤其是投资于高评级公司债券，以确保收益的稳定性。

通过这一再平衡措施，王女士不仅有效锁定了来自苹果和微软等公司的部分收益，还增强了在债券市场的防御性投资。尽管再平衡过程中需要进行一定的买卖操作，但这种策略在长期内有助于降低整体波动性，并保持投资组合的稳定性和收益性。

案例二：再平衡在市场下跌时的作用

我们再来看一个市场下跌的案例。假设张女士在2019年年初构建了一个由60%股票、30%债券和10%现金组成的投资组合。2019年年底，由于股票市场大幅下跌，股票的比例下降到45%，债券的比例上升到45%，现金比例保持不变。为了恢复原有的资产配置比例，张女士在2019年年底进行了再平衡，她卖出了一部分债券，购买了股票。

通过这种再平衡操作，张女士不但维持了自己的投资策略，还在低点购入了更多股票。结果，当市场在2020年反弹时，张女士的投资组合表现要优于未进行再平衡的投资组合。这充分显示了再平衡在市场波动中的重要性，它不仅能帮助投资者保持投资纪律，还能够在低点买入资产，增强未来的收益潜力。

既然再平衡在投资中如此重要，那么在进行再平衡操作时，要注意什么呢?

一、心理因素在再平衡中的作用

再平衡的过程不仅涉及技术层面的操作，还与投资者的心理因素密切相关。市场的波动往往会引起投资者的情绪波动，导致非理性的投资决策。再平衡提供了一种保持纪律性的方法，帮助投资者在市场情绪高涨或低迷时保持冷静。

例如，在市场持续上涨时，投资者可能会过度乐观，倾向于增加高风险资产的持仓。反之，在市场下跌时，投资者可能会过度悲观，倾向于减少高风险资产的持仓。而再平衡要求投资者在市场高点卖出部分高风险资产，在市场低点买入高风险资产，这种有纪律性的操作有助于改正情绪带来的非理性行为。

二、具体操作步骤

为了帮助投资者更好地进行再平衡，以下是一些具体的操作步骤。

1. 设定目标资产配置比例

根据自己的风险承受能力、投资目标和时间规划，设定一个合理的目标资产配置比例。例如，50% 股票、30% 债券、20% 现金。

2. 定期检查投资组合

每隔一段时间（如每季度、每半年或每年），检查投资组合的当前资产配置比例，看看是否与设定目标比例一致。

3. 计算偏差

计算每种资产当前比例与目标比例的偏差。如果偏差超过预定的阈值（如 5% 或 10%），则需要进行再平衡。

4. 调整持仓

根据计算的偏差，卖出部分超出目标比例的资产，买入低于目标比例的资产。例如，如果股票的当前比例为 60%，而目标比例为 50%，则卖出 10% 的股票，购买债券或现金。

5. 记录和反思

记录每次再平衡的操作和结果，反思再平衡的效果和过程中遇到的问题，不断优化再平衡策略。

案例：长期再平衡的效果

假设小明在2000年年初构建了一个由60%股票、30%债券和10%现金组成的投资组合，并每年进行一次再平衡。

在接下来的20年中，小明的投资组合经历了多次重大市场事件，尽管市场经历了大幅波动，小明的再平衡策略帮助他保持了投资组合的风险水平稳定和回报率稳定。

例如，2008年，股票市场大幅下跌，小明的股票比例降至50%。他通过再平衡，将部分债券和现金转换为股票，使得他的股票比例恢复到60%。随着市场在随后的几年逐步复苏，小明在低点买入的股票获得了显著的回报，进一步推动了投资组合的长期增长。

相比之下，如果没有进行再平衡，小明的投资组合可能会在市场波动中偏离原有的资产配置目标。例如，股市下跌时，股票比例会下降，导致他错失市场复苏带来的潜在收益；反之，在股市上涨时，股票比例可能过高，增加了投资组合的整体风险。

通过实际的数据分析可以看到，再平衡不仅帮助小明维持了初始的资产配置，还通过“低买高卖”的操作，在长期内获得了更稳健的回报。根据历史数据，再平衡的投资组合在20年后的年化回报率为7.5%，而未再平衡的组合则由于风险过高或过低，年化回报率可能仅为6.2%。这种差异显示了定期再平衡在长期投资中的重要性。

三、再平衡策略的个性化

不同的投资者由于自身情况各不相同，往往可能需要不同的再平衡策略。

以下是几种常见的再平衡策略。

1. 时间驱动再平衡

每隔固定时间（如每季度、每半年或每年）进行再平衡。这种方法简单易行，但可能会在市场波动较小时进行不必要的调整。

2. 阈值驱动再平衡

当投资组合中的某种资产比例偏离目标比例超过预定阈值（如 5% 或 10%）时进行再平衡。这种方法更加灵活，能够在市场波动较大时及时调整，但需要定期检查投资组合。

3. 混合再平衡

结合时间和阈值驱动的方法，在每隔固定时间检查投资组合的同时，根据偏离程度决定是否进行再平衡。这种方法综合了两者的优点，既保证了定期检查，又避免了不必要的调整。

四、再平衡的成本和注意事项

虽然再平衡有诸多好处，但也需要考虑交易成本和税务影响。每次买卖资产都会产生交易费用和潜在的资本利得税。因此，在进行再平衡时，投资者需要权衡交易成本和再平衡的收益，避免频繁操作。

以下是一些降低再平衡成本的建议。

1. 使用低成本交易平台

选择交易费用较低的平台进行再平衡操作，降低交易成本。

2. 利用税收优惠

在进行再平衡时，可以考虑利用税收优惠账户（如企业年金和职业年金、养老目标基金、税收递延型商业养老保险等）进行操作，避免缴纳资本利得税或减少资本利得税。

3. 分阶段再平衡

如果偏差不大，可以分阶段进行再平衡操作，逐步调整持仓，降低一次性操作带来的成本。

再平衡是投资组合管理中至关重要的策略，通过定期或根据市场情况调整资产配置比例，再平衡可以帮助投资者保持预期的风险水平与回报率，降低市场波动对投资组合的影响。无论是在市场上涨还是下跌时，再平衡都能提供纪律性操作的框架，避免情绪化决策带来的风险。

市场收益的来源

4.1 股息收益：通过股息获得收益，坐等收钱

股息收益是股票投资者的重要回报来源。投资者通过持有派发股息的股票，可以定期获得现金收益，享受“坐等收钱”的投资乐趣。股息收益不仅提供了稳定的现金流，还可以作为投资组合中的重要组成部分，增加投资的安全性和稳定性。

股息是公司在实现盈利后，按照股东投资的股数分给股东的报酬，通常以现金形式发放。例如，一家公司宣布每股派发 1 元的股息，持有 1000 股该公司股票的股东就会获得 1000 元的现金股息。股息的发放频率可以是季度、半年或年度，具体取决于公司的政策。

股息收益的优势在于其相对稳定性和被动收入的特性。相比于股价的波动，股息收益相对稳定，投资者可以依赖这一部分现金流来满足日常开支或再投资。尤其在市场波动较大时，股息收益能够提供一定的防御性，使投资者在股价下跌时仍能获得现金收入。

李先生投资了一家知名的蓝筹公司，该公司每年定期派发股息。李先生持有 5000 股该公司股票，每股派发股息 2 元，因此，他每年可以获得 1 万元的现金股息。这笔稳定的收入不仅可以用于日常生活开支，还可以继续投资，进一步增加资产。

选择高股息股票是获得稳定股息收益的关键。高股息股票通常是那些经

营稳定、盈利能力强、财务健康的公司。它们具有稳定的现金流和利润，可以定期向股东派发股息。投资者在选择高股息股票时，应关注以下几个方面。

1. 股息收益率

股息收益率是衡量股票股息收益的重要指标。它表示每股股息与当前股价的比率，通常以百分比形式表示。例如，如果某只股票每股派发股息 2 元，购买时的股价为 50 元，则股息收益率为 4%（2/50 × 100%）。一般来说，股息收益率较高的股票能够提供更高的现金回报，但投资者需要注意避免陷入"股息陷阱"，即股息收益率高但公司财务状况不佳或股价下跌风险大的情况。

2. 股息支付比率

股息支付比率是公司用于派发股息的利润比例。它表示公司每年用于派发股息的金额占其总利润的比率。例如，如果某公司每年利润为 1000 万元，其中 400 万元用于派发股息，则股息支付比率为 40%（400/1000 × 100%）。较高的股息支付比率意味着公司更倾向于将利润分配给股东，但过高的股息支付比率则可能影响公司的再投资能力和长期增长潜力。

3. 公司财务健康

选择高股息股票时，投资者应关注公司的财务健康状况。财务健康的公司通常具有稳定的盈利能力、较低的债务水平和充足的现金流，可以持续派发股息。投资者可以通过查看公司的财务报表、盈利报告和评级机构的评估报告，了解公司的财务状况。

4. 股息历史

公司历史上的股息派发记录也是选择高股息股票的重要参考。具有稳定股息派发历史的公司通常具备较高的股息可持续性和稳定性。投资者可以查看公司的股息历史记录，了解其过去的股息派发情况。

张先生选择了一只历史上股息派发稳定的股票进行投资。该公司在过去10年中每年都派发股息，且股息逐年增加。张先生通过分析该公司的财务报表和盈利报告，发现该公司具有强大的盈利能力和健康的财务状况，因此决定投资这只高股息股票。每年，张先生可以稳定获得股息收入，享受被动投资带来的稳定现金流。

股息再投资是增强投资回报的有效策略。通过将获得的股息再投资于更多的股票，投资者可以利用复利效应，进一步增加资产。

李先生每年获得1万元的现金股息后，将这笔资金继续投资于高股息股票。随着时间的推移，李先生的股票数量不断增加，获得的股息也逐年增加，从而实现资产的快速增长。

股息再投资计划（Dividend Reinvestment Plan，DRP）是一种便捷的股息再投资方式。许多公司和券商提供股息再投资计划，允许投资者将所获得的股息自动用于购买更多的公司股票，而无须支付额外的交易费用。这种方式不仅省时省力，还能最大化利用复利效应，增加长期投资回报。

例如，王先生参与了一家公司的股息再投资计划。每季度，他获得的股息会自动用于购买该公司的股票，而无须支付任何交易费用。通过这种方式，王先生的股票持有量不断增加，股息收入也随之增长。经过多年投资，王先生不仅享受了股息收入带来的稳定现金流，还通过股息再投资实现了资产的快速积累。

税务优化也是股息投资中需要考虑的重要因素。不同国家对股息收入的税务政策不同，投资者应了解所在国家的税务规定，合理规划税务支出。某些国家对股息收入实行优惠税率或免税政策，投资者可以通过了解和利用这些政策，减少税务支出，提高净收益。

在某些国家，股息收入享受较低的税率或免税待遇。李先生通过咨询税务顾问，了解所在国家的税务政策，发现自己可以享受一定的税收优惠。通过合理规划，李先生不仅获得了较高的股息收入，还通过税务优化减少了税务支出，提高了整体投资回报。

股息收益也是退休投资的重要组成部分。对于即将退休或已经退休的投资者来说，股息收益提供了稳定的现金流，可以用于日常生活开支和医疗费用等。通过投资高股息股票，退休投资者可以在享受资本增值的同时，获得持续的现金收入，保障退休后的财务安全。

张女士是一名即将退休的教师，通过多年的积蓄和投资，积累了一定的资产。为了在退休后能够获得稳定的现金流，张女士选择了一些高股息股票进行投资。这些股票不仅提供了稳定的股息收入，还具有一定的增长潜力，帮助张女士在退休后维持生活质量和财务安全。

总的来说，股息收益是股票投资者的重要回报来源，通过持有高股息股票，投资者可以获得稳定的现金流。选择高股息股票时，投资者应关注股息收益率、股息支付比率、公司财务健康和股息历史。

股息再投资和税务优化是增强投资回报的有效策略，而股息收益也是退休投资的重要组成部分。通过科学合理的股息投资策略，投资者可以在享受资本增值的同时，获得稳定的现金收入，实现财务目标。

4.2 业绩增长：企业业绩好，投资者收益多

在投资中，了解业绩增长对投资回报的重要性非常关键。企业的业绩增长不仅直接影响其盈利能力和市场竞争力，还显著影响股票价格的表现。因此，投资者需要深入了解企业业绩增长的驱动力，并学会评估和选择具有良好业绩增长潜力的公司，以获得更高的投资收益。

一、业绩增长驱动力与评估指标

企业业绩增长通常体现在收入增长、利润增长和现金流增长等方面。以下是几种关键的业绩增长驱动力和评估指标。

1. 收入增长

收入增长是企业业绩增长的基础，它反映了企业产品或服务的市场需求和销售能力。收入增长可以通过提高产品销量、提升产品价格或推出新产品等方式实现。

王女士投资了一家软件开发公司，该公司凭借创新的订阅模式和持续的技术升级，成功吸引了大量新用户，收入稳步提升。王女士通过公司报告发现，未来几年预计市场需求仍将持续增长，因此决定继续持有该公司的股份。

2. 利润增长

利润增长是企业业绩增长的核心指标之一。利润增长通常由收入增长和成本控制共同驱动。企业通过提高收入、优化成本结构和提高运营效率等方式实现利润增长。

张先生持有一家物流公司的股票，该公司通过采用自动化技术和优化路线管理，显著降低了运营成本，利润大幅提升。张先生研究了公司的财务报表，认为公司的成本控制能力能够长期带动利润增长，因此继续增加了持仓比例。

3. 现金流增长

现金流是企业运营的血液，稳定且充足的现金流对于企业的长期发展至关重要。现金流增长通常由经营活动现金流、投资活动现金流和筹资活动现金流等共同驱动。

李女士投资了一家电力公司，该公司拥有长期稳定的合同，确保了持续的现金流入。李女士在分析了公司的现金流量表后，发现其现金流在应对市场波动时依然稳健，因此她对未来收益持乐观态度，并决定长期持有股票。

4. 市场份额和竞争优势

具有较大市场份额和竞争优势的企业，通常具备更强的盈利能力和市场定价权，能够在市场竞争中占据有利地位。

张女士投资了一家网络安全公司，该公司凭借先进的技术和广泛的客户基础，在行业内拥有较大的市场份额。她通过深入研究行业动态，得出该公司未来几年在全球市场中的地位将持续稳固，因此选择了增加投资。

5. 创新和研发能力

具备强大创新和研发能力的企业，能够不断推出新产品和技术，满足市场需求，提升市场竞争力。

李先生投资了一家新能源汽车公司，该公司过去几年在电池技术研发上投入巨大，推出了多款高续航车型。李先生在分析了公司的研发进展后，认为其技术创新将成为市场增长的重要推动力，因此决定继续持有该公司的股票。

6. 管理团队和公司治理

企业的管理团队和公司治理是影响业绩增长的重要因素。优秀的管理团队能够制定和执行有效的战略，带领企业实现稳定和持续的业绩增长。良好的公司治理能够保障企业的长期健康发展，增强投资者信心。

王女士关注一家大型零售公司的管理团队，该团队凭借其丰富的市场经验和卓越的决策能力，在激烈的市场竞争中依然保持公司增长。她通过分析管理层的战略决策，认为该公司未来具备更强的竞争力，因此决定保持长期投资。

7. 全球化和市场拓展

通过拓展国际市场，企业能够拓宽销售渠道，增加收入来源，提升赢利能力。

张先生投资了一家电子产品公司，该公司成功进入东南亚和南美新兴市场，扩大了国际销售网络。张先生通过调研这些市场的消费趋势，发现该公司在全球市场的拓展潜力巨大，因此决定进一步加码投资。

8. 并购和战略合作

并购和战略合作是企业业绩增长的重要手段。通过并购和战略合作，企业可以快速扩展业务范围，获取新的技术和资源，提升市场竞争力。

王女士投资的一家制药公司，该公司近期收购了一家创新药物研发公司，这一战略合作使其在新药研发领域占据了技术优势。王女士通过分析并购后的市场前景，认为该公司的未来增长潜力巨大，因此继续持有其股份。

9. 行业和宏观经济环境

行业和宏观经济环境对企业业绩增长有重要影响。行业的增长趋势和宏观经济环境的变化，都会对企业的业绩产生直接影响。

李先生投资了一家绿色能源公司，近年来，全球对环保和可再生能源的需求迅速增长。李先生通过观察相关政策和市场趋势，认为该行业将迎来长期利好，因此决定加大在该公司的投资力度。

二、具体案例分析

为了更好地理解企业业绩增长对投资回报的重要性，下面来看几个具体的案例，这些都可以在适当的时候增加投资。

案例一：科技公司的业绩增长

李先生投资了一家知名的科技公司，该公司在过去几年中收入和利润持续增长，主要得益于其产品的创新性和强大的市场需求。李先生通过分析该公司的财报，发现该公司的收入增长来自新产品的成功推出和市场份额的不断扩大，利润增长得益于成本控制和运营效率的提高。

案例二：消费品公司的业绩增长

张先生投资了一家消费品公司，该公司通过优化供应链、提高生产效率和拓宽市场渠道，获得了稳定的收入，实现了利润增长。张先生通过分析该公司的经营数据，发现该公司的收入增长主要来自新市场的拓展和产品线的扩展，利润增长则得益于成本控制和规模效应。

案例三：医疗设备公司的业绩增长

王先生投资了一家医疗设备公司，该公司在国内市场占据领先地位，具有较强的竞争优势和市场份额。王先生通过分析该公司的市场份额和竞争力，发现该公司在未来几年具有较强的增长潜力。

企业业绩增长是投资者获得更高投资回报的重要驱动力。通过分析和评估企业的收入增长、利润增长、现金流增长情况，考量市场份额与竞争优势、创新和研发能力、管理团队和公司治理水平、全球化和市场扩展能力、并购战略合作成效以及所处行业和宏观经济环境等因素，投资者可以选择具有良好业绩增长潜力的公司进行投资。通过合理配置投资组合，持续关注企业业绩增长，投资者可以在市场波动中获得稳健的长期回报，实现财务目标。

4.3 估值变化：市场瞬息万变，估值变动带来的收益

在投资领域，了解估值变化及其对投资回报的影响至关重要。估值是指市场对公司或资产未来现金流的预期进行折现后得出的现值。估值变化反映了市场情绪、经济状况和公司基本面的变化，对股票价格和投资收益有直接影响。投资者需要学会评估估值，捕捉估值变化带来的投资机会。

一、估值变化指标

估值的变化主要通过市盈率（P/E）、市净率（P/B）、市销率（P/S）等指标来反映。以下将详细探讨这些指标，并介绍如何通过估值变化捕捉投资机会。

1．市盈率（P/E）

市盈率（Price-to-Earnings Ratio，P/E）是常用的估值指标之一。它表示股票价格与每股收益（EPS）的比率，用于衡量市场对公司盈利能力的预期。较高的P/E通常表示市场对公司未来盈利增长有较高期望，而较低的P/E则可能表示市场对公司未来盈利前景不看好。

小李投资了一家科技公司，其股价为100元，每股收益为5元，因此P/E为20。如果未来该公司盈利增长符合市场预期，股价可能随着P/E的上升

而增加；若盈利前景不佳，股价则可能随P/E下降而走低。小李通过观察市场预期的变化，及时调整了自己的投资策略。

2. 市净率（P/B）

市净率（Price-to-Book Ratio，P/B）表示股票价格与每股净资产（Book Value Per Share）的比率。P/B用于衡量公司资产的市场价值，相较于P/E，P/B更关注公司的账面价值。

张先生投资了一家大型银行，股价为50元，每股净资产为25元，因此P/B为2。随着银行资产价值增加，市场对其评价上升，P/B也随之提升，股价水涨船高。张先生在评估了该银行的资产增值潜力后，做出了追加投资的决定。

3. 市销率（P/S）

市销率（Price-to-Sales Ratio，P/S）表示股票价格与每股销售额（Sales Per Share）的比率。P/S用于衡量公司销售额的市场价值，特别适用于那些尚未盈利的成长型公司。

王先生投资了一家处于扩张阶段的初创公司，股价为10元，每股销售额为2元，因此P/S为5。随着该公司销售额的快速增长，市场对其销售潜力的预期进一步增强，P/S随之上升，带动股价上涨。通过分析该公司的销售趋势，王先生认为该公司未来在销售收入上还有很大的发展空间，因此决定继续增持股票。

二、估值变化的驱动因素

估值变化受多种因素影响，包括市场情绪、经济状况、公司基本面等。投资者需要密切关注这些因素，捕捉估值变化带来的投资机会。

1. 市场情绪

市场情绪对估值变化有重要影响。乐观情绪往往导致估值上升，悲观情绪则可能导致估值下降。投资者应关注市场情绪变化，捕捉由市场情绪波动带来的投资机会。

例如，在市场过度悲观时，一些优质公司可能被低估，P/E 和 P/B 显著下降。此时，投资者可以逢低买入，等待市场情绪回归理性后的估值回升。

2. 经济状况

宏观经济状况对估值变化也有显著影响。经济增长、利率变化和通货膨胀等因素都会影响市场对公司未来盈利能力的预期，从而影响其估值。

例如，在经济增长期，市场对某公司盈利能力的预期上升，P/E 和 P/S 可能上升，导致股价上涨。相反，在经济衰退期，市场对某公司盈利能力的预期下降，估值可能下降，导致股价下跌。

3. 公司基本面

公司的基本面变化，如盈利增长、成本控制和市场竞争力等，直接影响估值。投资者应深入分析公司的财务状况和经营表现，评估其估值合理性。

例如，李先生发现一家消费品公司的盈利能力显著增强，每股收益快速增长。尽管当前 P/E 较高，但由于盈利增长预期强劲，市场情绪乐观，李先生判断该公司估值合理，因此决定投资并持有该公司的股票。

三、如何通过估值变化捕捉投资机会

1. 评估估值合理性

投资者应定期评估所投资公司的估值合理性，避免过度高估或低估。通过比较同类公司的 P/E、P/B 和 P/S 等估值指标，可以判断该公司当前估值水平是否合理。

张先生投资了一家医疗公司，其 P/E 显著高于行业平均水平。张先生分析该公司的盈利增长前景和市场竞争力，发现当前估值过高，于是决定适时减持其部分股票，锁定收益。

2. 关注估值回归

市场估值通常会围绕其长期均值波动。投资者应关注估值的回归趋势，在估值过高时卖出，在估值过低时买入，实现“低买高卖”，从而获取丰厚利润。

王先生发现一只能源股的 P/B 远低于历史均值和行业平均水平，认为该股被市场低估。通过深入分析该公司的资产价值和未来盈利能力，王先生判断该公司估值回归的可能性较大，于是决定逢低买入并持有其股票。

3. 利用估值波动进行波段操作

对于具有较高波动性的股票，投资者可以利用估值波动进行波段操作，如在市场情绪极端乐观或悲观时进行反向操作，获取短期收益。

李先生投资了一只科技股，该股 P/S 波动较大。在市场情绪极端乐观时，李先生发现 P/S 达到历史高点，决定卖出部分持仓。随后，在市场情绪转向悲观时，P/S 大幅回落，小李再度买入，成功利用估值波动获取短期收益。

4. 选择具有估值提升潜力的成长型公司

成长型公司由于其盈利增长预期较高，通常具有估值提升的潜力。投资者应选择那些具备创新能力、市场前景广阔和管理团队优秀的成长型公司，享受其估值提升带来的投资回报。

张先生投资了一家生物科技公司，该公司研发出具有市场潜力的新药品，预计未来几年盈利将快速增长。尽管当前P/E较高，但张先生看好其长期发展前景，因此决定投资并持有该公司的股票。

四、具体案例分析

为了更好地理解估值变化带来的投资机会，下面来看几个具体的案例。

案例一：低估值买入

李先生发现一家银行的P/B显著低于行业平均水平，通过分析该公司的资产质量和盈利能力，李先生判断市场对该公司的估值过于悲观，于是决定逢低买入。果然，在市场情绪回升、估值回归合理水平时，李先生获得了丰厚的投资回报。

案例二：高估值卖出

张先生投资了一家互联网公司，该公司在市场乐观情绪推动下，P/E快速上升，显著高于行业平均水平。张先生通过分析该公司的盈利增长前景，发现当前估值过高，于是决定适时卖出部分持仓，锁定收益。在市场情绪回归理性后，张先生重新评估该公司，寻找新的投资机会。

案例三：波段操作

王先生投资了一只波动性较大的能源股，通过关注市场情绪和估值变化，王先生在P/S达到历史高点时卖出部分持仓，在P/S大幅回落时再度买入，成功利用估值波动进行波段操作，获取了短期收益。

估值变化在投资者获取投资回报的过程中起着重要的推动作用。通过理解和评估 P/E、P/B、P/S 等估值指标，投资者可以捕捉估值变化带来的投资机会。估值变化的驱动因素包括市场情绪、经济状况和公司基本面变化，评估估值合理性、关注估值回归、利用估值波动进行波段操作以及选择具有估值提升潜力的成长型公司，是通过估值变化获得投资收益的有效策略。通过科学合理的估值分析和投资决策，投资者可以在市场波动中获得稳健的长期回报。

4.4 市场收益的历史数据分析：用历史数据预测未来收益

在投资中，市场收益的历史数据是制定投资策略的重要依据。尽管通过历史数据不能完全预测未来收益，但它为我们提供了对市场行为模式和长期趋势的宝贵经验。通过分析市场收益的历史数据，投资者可以更好地了解市场波动，做出更理性的投资决策。

为什么要分析市场收益的历史数据？历史数据分析有助于投资者了解市场的长期趋势、波动性和周期性，从而制定更稳健的投资策略。

一、历史数据分析的关键理由

1. 了解长期趋势

市场长期趋势反映了经济增长、企业盈利和技术进步等基本因素的影响。通过分析市场的长期收益数据，投资者可以了解市场的总体增长趋势，评估未来的投资潜力。

标普500指数的历史数据表明，尽管短期内市场波动较大，但长期来看，标普500指数的年均回报率约为10%。这一长期趋势反映了美国经济的持续增长和企业盈利的提升。

2．评估波动性

市场波动性是投资风险的重要指标。通过分析市场的历史波动数据，投资者可以了解市场在不同时间段的波动幅度和频率，从而评估投资组合的风险水平。

在分析标普500指数的历史波动性时，投资者发现在金融危机和经济衰退期间，市场波动较大；而在经济稳定增长时期，市场波动相对较小。这种波动性分析有助于投资者在不同市场环境下调整投资策略。

3．识别周期性模式

市场周期性是指市场价格和收益在特定周期内呈现规律性波动的现象。通过分析市场的历史周期数据，投资者可以识别市场的周期性模式，抓住周期性机会。

通过分析房地产市场的历史数据，投资者发现房地产市场通常经历繁荣、过热、衰退和复苏四个阶段。了解这些周期性模式，有助于投资者在房地产市场的不同阶段做出相应的投资决策。

二、如何分析市场收益的历史数据？

1．收集和整理数据

收集市场收益的历史数据是分析的第一步。投资者可以从公开的金融数据来源获取股票指数、债券、房地产和商品等不同资产类别的历史收益数据。整理这些数据，将其转换为易于分析的格式，如时间序列数据。

2．计算收益率

计算收益率是分析市场历史数据的基础。通常，投资者可以计算年化收益率、月度收益率和累计收益率等不同类型的收益率，以全面了解市场的表现。

投资者可以计算标普500指数的年化收益率，了解其在不同年份的表现，并将其与长期平均收益率进行比较，识别出表现异常的年份。

3. 统计分析

统计分析是了解市场历史数据的重要工具。通过计算平均收益率、标准差、最大回撤等统计指标，投资者可以评估市场的平均表现、波动性和风险。

通过计算标普500指数的标准差，投资者可以了解其波动幅度；通过计算最大回撤，投资者可以评估其在历史上的最大损失。

4. 绘制图表

绘制图表是直观展示市场历史数据的有效方法。通过绘制收益率曲线、回撤曲线和波动率图表，投资者可以清晰地看到市场在不同时间段的表现，识别出重要的趋势和模式。

投资者可以绘制标普500指数的累计收益曲线，展示其在长期内的增长趋势；绘制月度收益率图表，展示其在不同月份的波动情况。

5. 识别异常事件

在分析市场历史数据时，识别异常事件（如金融危机、经济衰退和政策变动）有助于理解市场的波动原因和影响。通过分析这些异常事件的影响，投资者可以更好地评估市场风险，制定应对策略。

通过分析2008年国际金融危机期间标普500指数的表现，投资者可以了解市场在危机期间的反应模式，评估类似事件对未来市场的潜在影响。

三、具体案例分析

为了更好地了解如何通过市场收益的历史数据分析预测未来收益，下面来看几个具体的案例。

案例一：标普500指数的长期收益分析

李先生通过分析标普 500 指数的历史数据，发现其长期年均回报率约为 10%。尽管市场在短期内经历了多次剧烈波动，但在长期内，标普 500 指数展现了稳健的增长趋势。基于这一长期趋势，李先生决定采用长期投资策略，持有标普 500 指数基金，期待在未来获得稳健的回报。

案例二：黄金市场的波动性分析

张先生通过分析黄金市场的历史数据，发现黄金价格在经济不确定时期（如高通胀和地缘政治危机爆发时期）往往表现优异，而在经济稳定增长时期表现平平。通过计算黄金价格的标准差，张先生了解到黄金虽然市场波动性较高，但在特定经济环境下具有避险功能。基于这一分析，张先生决定在经济形势不明朗时期增加黄金配置，以平衡投资组合的风险。

案例三：房地产市场的周期性分析

王先生通过分析房地产市场的历史数据，发现其经历了多次周期性波动。通过识别房地产市场的繁荣、过热、衰退和复苏四个阶段，王先生了解到市场的周期性模式。基于这一分析，王先生在房地产市场的低谷期逢低买入，在市场繁荣期高位卖出，成功捕捉到了市场的周期性机会。

四、历史数据分析的局限性

尽管历史数据分析为我们提供了重要的市场洞见，但其也存在一定的局限性。以下是投资者在进行历史数据分析时需要注意的问题。

1. 历史数据不能预测未来

历史数据反映了过去的市场表现，但未来市场可能受到新的经济、政治和技术因素的影响，历史数据不能预测未来。投资者在进行历史数据分析时，应保持谨慎，结合当前市场环境和前景，做出综合判断。

2. 数据质量和完整性

数据质量和完整性是历史数据分析的重要前提。投资者应确保所使用的数据来源可靠，数据准确无误。在进行分析时，还应考虑数据的时间跨度和覆盖范围，以确保分析结果的有效性。

3. 不可控的外部因素

市场表现受到多种不可控的外部因素影响，如政策变动、自然灾害和全球事件等。历史数据分析无法完全考虑这些外部因素的影响，因此，投资者在进行预测时应保持灵活性，及时调整策略应对突发事件。

通过分析市场收益的历史数据，投资者可以更好地了解市场的长期趋势、波动性和周期性，从而制定更稳健的投资策略。尽管历史数据不能完全预测未来，但它为我们提供了宝贵的市场洞见，帮助我们在市场波动中做出更理性的投资决策。结合基本面分析、技术分析和市场趋势评估，投资者可以在复杂的市场环境中找到最佳投资机会，获得稳健的长期回报。

4.5 评估未来市场收益：基本面分析、技术分析和市场趋势评估

评估未来市场收益是投资者制定投资策略和做出投资决策的重要环节。通过基本面分析、技术分析和市场趋势评估，投资者可以更准确地预测市场走势，优化投资组合，获得理想的投资回报。以下将详细探讨这些方法及其在评估未来市场收益中的应用。

一、基本面分析

基本面分析是评估未来市场收益的基础方法之一。它通过分析公司的财务状况、盈利能力、市场竞争力和行业前景，评估公司股票的内在价值，从而预测未来收益。基本面分析主要关注以下几个方面。

1. 财务报表分析

财务报表是评估公司财务健康状况的重要工具。通过分析资产负债表、利润表和现金流量表，投资者可以了解公司的财务状况和盈利能力。关键财务指标如收入增长率、净利润率、每股收益和自由现金流等，是评估公司未来收益的重要参考。

2. 行业分析

行业分析是基本面分析的重要组成部分。不同的行业具有不同的增长潜力和风险特性，投资者需要了解投资的公司所在行业的市场前景和竞争格局。行业的增长趋势、市场需求、技术创新和政策支持等因素，都会影响公司的未来收益。

3. 公司竞争力分析

公司的市场竞争力是评估未来收益的重要指标。具有强大竞争优势的公司，通常具有更高的盈利能力和市场份额。投资者应关注公司的核心竞争力，如品牌影响力、技术创新能力、成本控制和市场拓展能力等。

二、技术分析

技术分析是一种通过研究市场历史数据和价格走势，预测未来市场趋势的方法。技术分析依赖图表和技术指标，帮助投资者捕捉市场的买卖信号。以下是技术分析的几个关键方法，以及具体操作步骤和数据支持的案例分析。

1. 价格图表分析

价格图表是技术分析的基础工具。通过分析股票价格的历史走势和形态，投资者可以识别市场的支撑位、阻力位和趋势线，从而预测未来价格变化。常见的图表形态有头肩顶、双底、上升三角形等，是识别市场趋势的重要参考。

具体操作步骤如下。

（1）选择图表类型：使用K线图（日线、周线或月线）作为主要分析工具。

（2）识别趋势和形态：绘制趋势线，寻找支撑位和阻力位，识别图表形态，如头肩顶、双底或上升三角形等。

（3）结合成交量进行验证：配合成交量的变化，验证价格形态的有效性。

李先生通过分析某科技股的日线图，发现该股票在每股50元附近形成了“双底”形态，同时伴随着成交量的放大。该形态通常被认为是市场即将反转的信号。李先生决定在50元支撑位买入该股票，并设置止损位在48元，以防止判断失误带来的损失。在未来几周内，股价逐步上升至60元，李先生通过这一操作获得了20%的收益。

2. 技术指标分析

技术指标是量化市场趋势和价格波动的工具。常用的技术指标包括移动平均线（MA）、相对强弱指数（RSI）、移动平均收敛散度（MACD）等。通过分析这些技术指标，投资者可以判断市场的超买或超卖状态，并捕捉买卖机会。

具体操作步骤如下。

（1）选择适当的技术指标：根据投资风格选择适合的指标，如MA用于跟踪趋势，RSI用于判断超买或超卖。

（2）设定指标参数：调整指标的参数（如MA的时间周期），以便更好地适应当前市场条件。

（3）结合价格图表和成交量进行综合分析：避免凭借单一指标做决策，而应结合多个指标和价格走势。

张先生分析了一只在2019年科技股牛市中的热门股票。他发现该股票的RSI指标在20以下，进入超卖区间，同时价格在每股100元附近企稳，并伴随MACD出现黄金交叉信号。张先生决定在100元附近买入该股票，并设置目标价为120元。结果，该股票在接下来的两个月内逐步回升至120元，张先生成功获得了20%的收益。

3. 成交量分析

成交量是市场活跃度和资金流动的重要指标。通过分析成交量的变化，投资者可以判断市场的买卖力量和趋势强度。通常，价格上涨伴随着成交量放大，表明市场买盘力量强劲，反之，则表明市场买盘力量薄弱。

具体操作步骤如下。

（1）观察成交量变化：在K线图上添加成交量指标，观察价格涨跌时的成交量变化。

（2）识别异动情况：当成交量突然大幅增加或减少时，关注可能的趋势变化信号。

（3）结合技术指标和价格走势进行确认：避免单独依靠成交量信号，而应结合其他分析工具进行判断。

案例：金融股的趋势判断与收益获取

王先生发现某金融股在短时间内成交量突然放大，且价格在每股20元处持续上涨，同时MACD指标出现上升信号。王先生判断这可能是机构资金入场推动的上涨趋势，他决定在20元买入该股票。随着成交量的进一步增加，股价在接下来的一个月内上涨至25元，王先生通过这一操作获得了25%的收益。

三、市场趋势评估

市场趋势评估是综合基本面分析和技术分析，预测市场整体走势的方法。市场趋势可以分为牛市、熊市和盘整市，投资者需要根据不同的市场趋势调整投资策略，获得最佳投资回报。

1. 牛市评估

牛市是市场价格持续上涨的阶段，投资者应积极布局，增加股票配置，分享市场上涨带来的收益。牛市通常伴随着经济增长、市场情绪乐观和资金流入等特征。

李先生通过分析宏观经济数据和市场情绪，判断市场处于牛市初期。李先生决定增加股票配置，特别是那些具有高增长潜力的科技股，期待在牛市中获得丰厚回报。

2. 熊市评估

熊市是市场价格持续下跌的阶段，投资者应谨慎操作，减少高风险资产配置，增加防御性资产配置。熊市通常伴随着经济衰退、市场情绪悲观和资金流出等特征。

张先生通过分析经济数据和市场情绪，判断市场处于熊市初期。张先生决定减少股票配置，增加债券和现金等防御性资产，以保护投资组合的价值，减少市场下跌带来的损失。

3. 盘整市评估

盘整市是市场价格在一定区间内波动，没有明显的上升或下降趋势的阶段。投资者应采取灵活策略，利用市场波动进行波段操作，获取短期收益。

王先生通过分析市场趋势，判断市场处于盘整市阶段，于是决定采取波段操作策略，在市场低点买入，高点卖出，通过捕捉短期波动获取收益。

四、综合评估方法

在评估未来市场收益时，投资者应综合运用基本面分析、技术分析和市场趋势评估方法，全面了解市场和公司的状况，做出科学合理的投资决策。

李先生在评估某股票时，通过基本面分析发现该公司具有良好的盈利能力和市场竞争力，通过技术分析发现价格在关键支撑位形成反转形态，通过市场趋势评估判断当前市场处于牛市阶段。综合这些分析结果，李先生决定买入该股票，并在牛市中持有，期待获得较高的投资回报。

评估未来市场收益是投资者制定投资策略和做出投资决策的重要环节。通过基本面分析、技术分析和市场趋势评估，投资者可以更准确地预测市场走势，优化投资组合，获得理想的投资回报。

基本面分析关注公司的财务状况、行业能力和市场竞争力；技术分析通过价格图表、技术指标和成交量等工具，捕捉市场买卖信号；市场趋势评估则综合基本面分析和技术分析，判断市场整体走势。通过综合运用这些方法，投资者可以在市场波动中获得稳健的长期回报，实现财务目标。

避免投资陷阱

5.1 流行趋势与题材炒作：避免追逐热点，别当“韭菜”

在投资市场中，追逐流行趋势和题材炒作是很多投资者常犯的错误。这种现象通常会导致投资者在市场高点买入低点卖出，最终变成被市场收割的“韭菜”。要想成为成功的长期投资者，必须学会避开这种投机行为，专注于稳健的投资策略。

一、什么是流行趋势与题材炒作

流行趋势与题材炒作是指投资者大量涌入某些被广泛宣传和看好的行业或公司，导致这些股票价格短时间内大幅上涨。然而，这种上涨往往缺乏坚实的基本面支持，更多是由市场情绪和媒体炒作推动的。当热潮退去，这些行业或公司的股价可能会迅速下跌，给追高买入的投资者带来巨大损失。

某些新兴行业如区块链、人工智能、无人驾驶等，曾一度成为市场的焦点，吸引了大量投资者追逐。这些行业确实具有长期发展潜力，但在短期内，其中的很多公司并没有实际盈利能力，其股价的上涨更多是基于炒作和投机。

二、流行趋势与题材炒作的风险

1. 价格波动大

流行趋势与题材炒作的股票价格波动通常非常剧烈。由于市场情绪的推动，这些股票可能在短时间内出现大幅上涨，但同样也可能在热潮退去后快速下跌。这种剧烈波动会给投资者带来较大的心理压力和实际损失。

某只区块链概念股在短短几个月内从每股10元涨到50元，但在市场热情减退后，又迅速跌回10元以下，导致那些在高点追涨的投资者面临巨大损失。

2. 基本面支撑不足

很多流行趋势与题材炒作的股票，其上涨缺乏坚实的基本面支持。这些公司可能尚未实现盈利，或者未来的盈利能力存在较大不确定性。投资者在追逐这些热点股票时，往往忽视了其公司的实际经营状况和财务健康，导致投资风险增加。

一家新兴的无人驾驶技术公司，尽管其技术前景广阔，但公司尚未盈利，且研发投入巨大，财务状况并不稳定。投资者追逐该公司的股票时，如果忽视了其中潜在的风险，就可能面临严重亏损。

3. 信息不对称

题材炒作往往伴随着信息不对称问题。普通投资者通常无法及时获取准确和全面的信息，而市场中的大资金和专业投资者可能掌握了更多内幕消息和分析资源。在这种情况下，普通投资者很容易被误导，从而做出错误的投资决策。

一些小道消息和市场传闻可能会推动某些股票在短期内上涨，但这些信息往往未经证实，如果投资者贸然跟风买入，就可能在真相揭露后面临巨额亏损。

三、避免追逐热点和题材炒作的方法

1．坚持基本面投资

成功的长期投资者往往注重公司的基本面，而不是市场的短期波动。通过深入研究公司的财务状况、盈利能力、市场竞争力和行业前景，投资者可以做出更理性的投资决策，避免被市场情绪左右。

尽管市场一度炒作区块链和无人驾驶概念股，但小李坚持自己的基本面投资策略，投资了一家具有稳定盈利能力和市场竞争力的消费品公司，最终获得了稳健的投资回报。

2．分散投资

分散投资是降低投资风险的重要策略。通过将资金分散投资于不同的行业、公司和资产类别，投资者可以有效降低单一股票或行业波动带来的风险。即使某些热点行业出现剧烈波动，分散投资也可以帮助投资者平衡整体投资组合的风险和回报。

小张将资金分散投资于科技、医疗、消费品和金融等多个行业，即使其中某个行业出现波动，其他行业的稳定表现可以平衡整体投资组合的风险。

3．长期视角

长期投资视角有助于投资者避免短期市场波动的干扰，专注于公司的长期价值。通过坚持长期投资，投资者可以更好地应对市场的短期波动，避免因追逐热点和题材炒作而频繁交易，从而减少交易成本和心理压力。

王萍购买了几只具有增长潜力的优质公司的股票，尽管市场短期内出现波动，但她坚持长期持有，通过时间的积累，她最终获得了可观的投资回报。

4. 独立思考

独立思考是避免追逐热点和题材炒作的关键能力。投资者应学会独立分析和判断，不被市场的喧嚣和媒体的炒作左右。通过独立思考，投资者可以更冷静地评估投资机会和风险，从而做出更理性的投资决策。

钟云在面对市场对某科技股的疯狂炒作时，通过独立分析该公司的财务状况和市场竞争力，发现存在较大风险，于是决定不追逐热点，避免了潜在的投资损失。

5. 学习和积累经验

投资是一门需要不断学习和积累经验的艺术。通过阅读投资书籍、参加投资讲座、咨询专业人士等方式，投资者可以不断提升自己的投资知识和技能，增强对市场的理解和判断能力。

小钱通过阅读《聪明的投资者》和《彼得·林奇的成功投资》等经典投资书籍，不断学习和积累投资经验，提高了自己的投资决策水平，避免了因追逐热点和题材炒作而造成的损失。

避免追逐流行趋势和题材炒作是成功投资的关键。通过坚持基本面投资、分散投资、长期视角、独立思考和不断学习，投资者可以有效规避市场情绪带来的风险，实现稳健的长期回报。在市场波动和热点炒作中保持冷静和理性，才能真正成为投资市场中的赢家，避免成为被收割的“韭菜”。

5.2 频繁交易的风险：少折腾，钱包才会鼓

一、频繁交易的风险

频繁交易是指投资者在短时间内频繁买入和卖出股票、基金或其他投资品种，以期通过抓住市场的短期波动来获取利润。虽然这种方式可能在短期内带来一些利润，但从长期来看，它会显著增加交易成本和风险，最终影响投资回报。以下是频繁交易的主要风险。

1．交易成本的侵蚀

频繁交易会增加交易成本，包括佣金、印花税、交易手续费和滑点成本等。这些不断增加的成本直接侵蚀了投资者的收益，导致实际投资回报大打折扣。

小李一年内进行了百十来次交易，每次交易的佣金和其他费用平均为200元，最终交易成本高达两万余元，导致其整体投资收益远低于市场平均水平。

2．心理压力和情绪化决策

频繁交易要求投资者时刻关注市场动态，迅速做出交易决策。这种高度紧张的操作方式容易导致情绪化投资决策，增加投资失误的可能性。

小张在市场剧烈波动时因恐慌而抛售股票，随后因贪婪又过早买入其他股票。频繁买卖不仅增加了他的交易成本，还导致他因情绪紧张判断失误而遭受严重亏损。

3．市场波动的不可预测性

市场的短期波动具有很大的随机性和不可预测性，即使是经验丰富的专业投资者和基金经理，也很难准确把握市场的短期走势。频繁交易依赖对短期波动的预测，因此风险极高。

尽管小李频繁交易试图抓住市场短期波动，但由于无法准确预测市场走势，长期回报反而不理想。

4．错失长期投资机会

频繁交易者往往关注短期市场波动，忽视了长期投资机会，这种短视行为可能导致错失潜在的长期收益机会。

王伟是一位频繁交易的投资者，他在股市中快速买入卖出，试图通过短期波动获利。然而，他在 2020 年错过了投资于贵州茅台和宁德时代的机会。这两家公司在新冠肺炎疫情防控期间表现出色，贵州茅台的股价在一年内上涨了约 70%，而宁德时代的股价更是上涨了超过 150%。王伟在市场回暖时才意识到这些优质股票的价值，但由于他频繁交易，未能及时把握投资机会，最终错过了丰厚的收益。

相对而言，李娜是一位坚定的价值投资者，她在同样的时间段内选择了长期持有贵州茅台和宁德时代的股票。通过持有这两只股票，她的年回报率达到了 30%，远高于王伟的收益。李娜的投资策略让她不仅获得了可观的收益，还通过分红实现了稳定的现金流。

这一对比清晰地表明，频繁交易者因短视行为错失了潜在的长期收益机会，而长期持有优秀公司的投资者则能够在市场中实现更好的投资回报。

二、减少频繁交易的策略

为了减少频繁交易带来的风险，投资者可以采取以下几种策略。

1. 制订长期投资计划

成功的长期投资者通常会制订清晰的投资计划，并严格执行。通过设定明确的投资目标和策略，投资者可以减少短期交易的冲动，专注于长期回报。

2. 坚持价值投资

价值投资需要投资者通过深入研究和分析，选择被低估的优质股票并长期持有。这种方式有助于投资者避免因短期市场波动而频繁买卖，从而获得稳定的长期回报。

小王坚持价值投资理念，选择并长期持有几家稳定盈利的公司股票，最终获得了远超频繁交易的长期回报。

3. 控制情绪，避免冲动交易

投资时保持冷静和理性，避免因市场情绪波动而冲动交易。通过控制情绪，投资者可以更理性地评估市场机会和风险，做出更明智的投资决策。

小张在市场剧烈波动之际，由于恐慌和贪婪而频繁进行买卖操作，结果遭受了重大损失。此后，他逐渐意识到控制情绪的重要性。

4. 定期再平衡投资组合

通过定期再平衡投资组合，投资者可以调整各资产的比例，保持预设的投资策略。这种方法可以帮助投资者避免因市场短期波动而频繁买卖，从而控制交易成本。

5. 提升投资知识，避免盲目操作

通过持续学习和提升投资知识，投资者可以做出更理性的决策，避免因缺乏知识而频繁交易。

频繁交易虽然可能在短期内会带来一些利润，但从长期来看，会显著增加交易成本和风险，最终影响投资回报。通过制订长期投资计划、坚持价值投资、控制情绪、定期再平衡和持续学习，投资者可以保持理性和冷静，避免情绪化和冲动交易，有效减少频繁交易的冲动，以实现稳健的长期投资回报。

5.3 避免情绪化投资：投资时请带上理性的大脑

在投资过程中，情绪化是投资者最大的敌人。市场的波动和不确定性常常会引发投资者的情绪波动，进而影响他们的投资决策。情绪化投资通常表现为因恐惧而抛售，或因贪婪而过度买入，等等。为了深入了解何为情绪化投资，我们来模拟一个情景，分析其中的错误行为，并寻找正确的应对策略。

情景模拟：情绪化投资者小李

背景：小李是一名刚入市不久的投资者，平时通过阅读一些投资书籍和浏览财经新闻来学习投资知识。他的投资组合主要由几只科技股和一只低成本指数基金组成。近期市场波动较大，小李的情绪也随之起伏。

市场情况：一天，市场上突然出现了一则重大新闻——某知名科技公司的财务丑闻被曝光，导致科技板块股价整体大幅下跌。小李的投资组合市值也因此大幅缩水，他感到非常焦虑和恐慌。

错误行为一：恐慌性抛售

在新闻爆出后，小李担心市场会继续下跌，自己的损失会进一步扩大。由于恐慌，他决定立即卖掉手中所有的科技股来止损。

分析：恐慌性抛售是情绪化投资的一种典型表现。在市场出现负面消息或大幅下跌时，投资者往往会因恐惧而选择卖出股票。然而，这种行为通常会导致投资者在市场低点卖出，最终锁定损失。事实上，市场的短期波动是正常现象，从长期来看，市场往往会回归其基本面。小李的恐慌性抛售不仅可能导致其错失反弹的机会，还会让他在低点卖出，从而损失更多。

错误行为二：贪婪追涨

几个月后，市场逐渐回暖，科技股开始反弹，并持续上涨。小李看到科技股涨势良好，又产生了强烈的买入冲动。于是，他开始频繁买入科技股，希望抓住每一个上涨的机会。然而，他仍然没有考虑股票的实际价值和市场基本面。

分析：贪婪追涨是另一种情绪化投资的表现。当市场上涨时，投资者容易被贪婪驱使，盲目追涨买入股票，希望从快速上涨中获利。然而，这种行为往往会导致在市场高点买入，一旦市场回调，投资者将面临巨大的亏损风险。小李的频繁买入不仅增加了交易成本，还可能在市场回调时遭受严重损失。

正确的行为：理性投资

面对市场的剧烈波动，理性的投资决策尤为重要。以下是小李在这种情景下应采取的正确策略。

1. 制订并坚持投资计划

小李应该制订一个清晰的投资计划，包括投资目标、风险承受能力、投资期限和资产配置策略等。在市场波动时，他应坚持按照计划执行，而不是随情绪波动做出投资决策。例如，在市场下跌时，他可以按照计划逐步加仓，而不是恐慌性抛售；在市场上涨时，他可以逐步减仓，锁定利润，而不是盲目追涨。

2. 分散投资，降低风险

小李应将资金分散投资于不同的资产类别、行业和地区，以降低单一资产波动对整体投资组合的影响。分散投资不仅可以降低风险，还可以在不同市场环境中获得相对稳定的回报。例如，当科技股表现不佳时，其他行业股票可能表现良好，如果分散持有多个行业的股票，就可以平衡整体投资组合的收益。

3．定期再平衡投资组合

小李应定期检查和调整投资组合，保持预设的资产配置比例。在再平衡过程中，小李需要卖出部分表现较好的资产，买入表现相对较差的资产，从而实现低买高卖的投资策略，避免因情绪波动而做出非理性决策。

4．持续学习和提升投资知识

小李可以通过阅读投资书籍、参加投资讲座、咨询专业人士等方式，不断提升自己的投资能力，增强对市场的理解和判断能力。只有具备扎实的投资知识和技能，才能在市场波动中保持冷静，做出理性的投资决策。

案例总结：小李经历了市场的大幅波动，并因情绪波动做出了一些错误的投资决策。然而，通过制订并坚持投资计划、分散投资、定期再平衡和持续学习，他可以逐渐掌握理性投资的技巧，避免情绪化投资带来的损失，实现稳健的长期投资回报。

正如著名投资大师沃伦·巴菲特所说："别人恐惧时我贪婪，别人贪婪时我恐惧。"这句话生动地诠释了理性投资的重要性。在投资过程中，情绪的波动是不可避免的，但投资者只有保持冷静，理性地分析市场，做出符合长期目标的决策，才能在波动的市场中立于不败之地，最终成为投资市场中的赢家。

5.4 常见投资误区：识别并避开常见错误，少走弯路

在投资过程中，投资者常常会犯一些相似的错误，识别并避开这些常见误区，是实现长期稳健投资回报的关键。下面将详细阐述三种之前没提到过的投资误区，并提供相应的应对策略。

一、过度自信

在投资过程中，过度自信是一个常见且危险的心理陷阱。投资者往往对自己的市场判断能力过于自信，低估了市场的复杂性和不确定性，从而做出冒险行为，导致投资失误。过度自信的投资者通常容易忽视市场风险，冒险进行高杠杆投资，或过度集中投资某一类资产，从而在市场波动时遭受重大损失。

长期资本管理公司（LTCM）的创始人约翰·梅里韦瑟就是一个典型的例子。LTCM的董事会由诺贝尔经济学奖得主和华尔街的顶级交易员组成，他们过度自信自己的投资模型和策略，进行了大量高杠杆操作。他们认为自己的模型可以精确预测市场走势，并能通过复杂的对冲策略控制市场风险。然而，1998年亚洲金融危机和俄罗斯债务违约事件完全出乎他们预料。面对骤然而至的巨大变动，高杠杆策略使得LTCM在短时间内损失惨重，几

乎崩溃，最后不得不由美联储组织其他金融机构进行救助。这一事件不仅给LTCM带来了巨大的财务损失，也给全球金融市场带来了冲击。

为了避免过度自信，投资者应认识到市场的不确定性和自己的局限性。保持谦虚，重视风险管理，合理分散投资，避免投资过度集中和高杠杆投资是其中的关键。定期反思和总结自己的投资决策，不断改进和提升投资能力，也能帮助投资者在面对市场不确定性时做出更为理性的决策。

二、依赖单一信息来源

依赖单一信息来源是许多投资者在做出投资决策时常犯的另一个错误。许多人习惯于依赖某个分析师的建议、新闻报道或社交媒体上的评论来进行投资，这种行为容易导致信息偏差和错误决策。因为单一的信息来源往往具有局限性和主观性，可能无法提供全面和客观的市场信息，过度依赖这些信息来源，会使投资者忽视其他重要信息和潜在风险，从而无法做出理性的投资决策。

安然公司（Enron）的崩溃是一个警示性案例。安然公司曾是美国较大的能源公司之一，其股价曾经一度飙升。然而，公司内部存在严重的财务欺诈行为，虚报利润、隐瞒债务，导致财务报表严重失实。许多投资者和分析师依赖安然公司发布的财务报告和管理层的乐观预期，忽视了公司实际的财务状况。2001年，安然公司的财务欺诈行为被曝光，公司迅速破产，投资者损失惨重。这个案例说明，依赖单一信息来源会导致严重的信息偏差和投资决策失误。

为了避免信息盲区，投资者应广泛收集和分析多种信息来源，进行全面的市场研究。比如，阅读多种分析报告、关注不同的市场观点和数据，形成自己的独立判断；通过多角度分析，更全面地了解市场情况和公司的真实价值，减少信息偏差对投资决策的影响；等等。

三、忽视投资成本

投资成本是许多投资者在追求高回报时常常忽略的一个重要方面。在投资过程中，交易费用、管理费、税费等成本会直接侵蚀投资者的收益。高频交易、选择高管理费的基金，或忽视税收优化策略，都会导致投资成本上升，最终影响实际回报。

传奇投资者沃伦·巴菲特在其长期投资生涯中，始终强调控制投资成本的重要性。他选择投资低成本的指数基金，并通过长期持有来减少交易费用。在其致股东的信中，巴菲特多次说道："投资费用是投资回报的隐形杀手，减少费用可以显著提高长期投资回报。"巴菲特的投资策略注重低成本和高效益，他通过减少不必要的交易频率和选择低管理费的投资工具，成功地实现了可观的长期回报。

为了控制投资成本，投资者应选择低费用的指数基金或交易所交易基金（ETF），减少不必要的交易频率，优化税收策略。此外，定期检查投资组合，确保成本控制在合理范围内。通过关注投资成本，可以有效提升实际投资回报。

过度自信、依赖单一信息来源和忽视投资成本是投资者常犯的三大误区。过度自信容易导致冒险行为和投资失误，依赖单一信息来源会导致信息偏差和错误决策，忽视投资成本则会显著降低投资收益。通过认识并避免这些误区，投资者可以提高自己的投资决策质量，实现稳健的长期投资回报。投资者学习和借鉴名人的投资经验，并结合自身实际情况不断调整和优化投资策略，是成功投资的重要途径。

5.5 识别与规避投资骗局：防范“钱景”的美丽陷阱

在投资市场中，除市场风险和情绪波动之外，投资骗局也是投资者需要高度警惕的风险之一。投资骗局往往设计巧妙，打着高收益、低风险的旗号，吸引投资者大量投资。识别并规避这些骗局，是保护自己投资安全的重要一环。以下将详细阐述几种常见的投资骗局，并提供相应的防范策略。

一、庞氏骗局

庞氏骗局是一种最典型的投资骗局。其基本运作模式，是利用所吸收的新投资者的资金支付老投资者的回报，以维持骗局的运转。这种骗局通常承诺高额回报，以吸引大量投资者投入资金。然而，当无法吸引足够的新投资者时，整个骗局便会崩溃，导致投资者血本无归。

案例分析

伯纳德·麦道夫（Bernard L. Madoff）是著名的庞氏骗局策划者之一。他所承诺的每年稳定的高回报，在几十年内吸引了成千上万的投资者。实际上，他从未进行真正的投资，而是不断地用新投资者的钱来支付老投资者的回报。2008 年国际金融危机期间，投资者大量撤资，其骗局终于暴露。据统计，投资者损失超过650亿美元，麦道夫最终被捕，并被判150年监禁。

防范策略

要识别庞氏骗局，投资者应保持警惕，避免被高回报的诱惑冲昏头脑。投资者应仔细审查投资项目的合法性，查验公司是否受监管机构监管，并关注投资项目的透明度和资金流向。同时，投资者应保持理性，时刻谨记过于稳定的高回报承诺往往是不现实的，避免在高风险项目中投入大额资金。

二、高科技骗局

高科技骗局利用投资者对新兴技术的兴趣和渴望，宣传所谓的革命性技术或产品，吸引投资者投入资金，实际的产品却没有任何真正的科技含量或市场前景，有的骗局甚至都没有真实产品。

案例分析

埃丽莎白·霍尔姆斯（Elizabeth Holmes）和她的公司Theranos是高科技骗局的典型案例。Theranos声称拥有通过几滴血液就能进行全面癌症检测的革命性技术，吸引了数十亿美元的投资。后来，人们才知道这项技术根本不存在，Theranos长期以来一直通过虚假的实验结果和夸大的宣传来吸引投资者和客户。霍尔姆斯最终被指控欺诈，Theranos倒闭，投资者损失惨重。

防范策略

面对高科技投资项目，投资者应进行详细的背景调查，了解技术的实际应用情况和市场前景。投资者可以咨询行业专家或独立顾问，获取专业意见。此外，投资者应查看公司是否具有真实的研发成果和市场认可度，不要仅凭宣传材料就做出投资决策。

三、网络投资骗局

随着互联网的发展，网络投资骗局日益猖獗。这类骗局通常通过社交媒体、虚假网站或电子邮件等方式，向投资者推销各种虚假的投资项目，包括虚拟货币、外汇交易等。在这种骗局中，诈骗者通常利用虚假信息和夸大的收益预期，诱导投资者上当。

案例分析

Plus Token是一起大型的加密货币骗局。该平台声称通过投资其加密货币钱包，可以获得高额回报，从而吸引了大量投资者。然而，这其实只是网络上的“庞氏骗局”而已。最终，Plus Token的操作者携带数十亿美元资金潜逃，投资者遭受巨大损失。

防范策略

投资者对于在网络上接触到的投资机会，应保持高度警惕。首先，避免在不熟悉的平台上进行大额投资。其次，慎重验证平台和项目的合法性，查看是否有真实的业务运营和监管资质。还可以通过搜索引擎、社交媒体和专业论坛，了解其他投资者的反馈和警告信息。

投资骗局是投资者在追求财富增长过程中需要高度警惕的陷阱。庞氏骗局、高科技骗局和网络投资骗局是三种常见的欺诈手段，它们通过高回报的诱惑和精心设计的骗局，吸引投资者上当受骗。

投资者可以通过提高警觉性、进行尽职调查、咨询专业人士、分散投资、避免冲动投资和持续学习等手段，有效识别和规避这些骗局，保护自己的财产安全。

投资理念与策略

6.1 理性投资与常识投资：别让情绪牵着走

在投资过程中，理性投资和常识投资是实现长期稳健收益的两个重要理念。这两者强调投资者应以冷静、客观的态度进行决策，避免情绪化投资和盲目跟风投资。通过理解和应用这些理论，投资者可以有效降低风险，提高投资回报。

一、理性投资的理论基础

理性投资的核心在于通过科学的方法和客观的数据进行分析和决策，摒弃情绪化和冲动性行为。以下是理性投资的一些关键理论。

1. 现代投资组合理论（MPT）

现代投资组合理论由哈里·马科维茨（Harry Markowitz）提出，旨在通过资产配置和分散投资来优化投资组合的风险和收益。MPT 强调，投资者可以通过将资金分散投资于不同的资产类别（如股票、债券、房地产等），降低单一资产的风险，提高整体投资组合的风险调整后收益。

理论要点

风险分散：通过投资多种资产，降低单一资产波动对整体投资组合的影响。

有效前沿：通过优化资产配置，找到在特定风险水平下的最高预期收益组合。

风险偏好：投资者应根据自身的风险承受能力和投资目标，选择合适的资产配置方案。

2. 行为金融学

行为金融学研究投资者在金融决策中的行为偏差和心理因素。该理论指出，投资者往往受到认知偏差和情绪影响，如过度自信、损失厌恶、从众效应等，做出非理性决策。

理论要点

过度自信：投资者对自己的判断过于自信，低估了市场的不确定性。

损失厌恶：投资者对损失的痛苦远大于获得相同比例收益的快乐，导致在亏损时不愿止损。

从众效应：投资者倾向于跟随他人行动，忽视自身独立判断。

通过认识这些行为偏差，投资者可以采取措施避免情绪化决策，提高理性投资水平。

3. 价值投资

价值投资是由本杰明·格雷厄姆（Benjamin Graham）和戴维·多德（David Dodd）提出的，旨在通过深入分析公司的基本面，选择被低估的优质股票进行长期投资。价值投资强调买入价格低于内在价值的股票，并通过长期持有实现投资收益。

理论要点

内在价值：通过分析公司的财务状况、盈利能力和市场前景，评估其真实价值。

安全边际：选择买入价格显著低于内在价值的股票，以降低投资风险。

长期持有：通过长期持有优质股票，利用时间的力量实现复利增长。

二、常识投资的理论基础

常识投资强调简单、直观的投资理念和策略，通过常识性的判断和行为实现稳健的投资回报。以下是常识投资的一些关键理论。

1．低成本投资

低成本投资由约翰·博格尔（John Bogle）提出，主张通过投资低成本的指数基金，减少投资费用和交易成本，提升净收益。博格尔认为，通过低成本指数基金获取市场平均回报，是一种高效、稳健的投资策略。

理论要点

低费用：选择管理费和交易成本低的投资工具，如指数基金和ETF。

长期持有：通过长期持有降低交易频率和相关费用，实现复利增长。

市场平均回报：通过投资广泛分散的指数基金，获取市场整体回报，降低个股风险。

2．被动投资

被动投资与主动投资相对，强调通过投资指数基金或ETF，追踪市场指数的表现，而不是试图通过选股和市场时机操作战胜市场。被动投资策略简便易行，适合大多数普通投资者。

理论要点

市场有效性：假设市场价格反映了所有已知信息，个股价格难以长期偏离其内在价值。

长期收益：通过持有市场指数，分享经济增长和公司盈利带来的长期收益。

简单透明：被动投资策略简单透明，投资者无须进行复杂的选股和市场分析。

3. 复利效应

复利效应是指收益再投资产生的额外收益，长期来看，可以显著提高投资回报，其强大的增值效应使其成为长期投资的核心理念之一。

理论要点

再投资：将投资收益再投入，获得更多的收益。

时间：复利效应随着时间的推移而增加，长期投资效果显著。

稳定增长：长期稳定的收益率可以实现巨大的财富增长。

三、理性投资与常识投资的结合

理性投资和常识投资各有其独特的理论基础和实践方法，两者结合可以更好地指导投资者实现长期稳健的投资回报。

科学分析与常识判断：投资者应结合科学的分析方法（如 MPT 和价值投资）和常识性的判断（如低成本投资和被动投资），做出明智的投资决策。

长期视角与稳健策略：投资者通过长期持有低成本指数基金，减少频繁交易，降低投资成本，利用复利效应，实现财富的稳定增长。

心理控制与行为修正：认识并避免行为偏差，保持理性，控制情绪，通过定期检查和调整投资组合，确保投资策略的持续执行。

理性投资和常识投资是实现长期稳健投资回报的两大基石。理性投资强调科学分析和决策，常识投资则注重简单、直观的投资理念和策略。通过结合这两种投资理念，投资者可以在复杂多变的市场中保持冷静，做出明智的投资决策，实现财富的稳定增长。

6.2 投资成本控制：减少不必要的支出，提升净收益

投资成本控制是实现稳健投资回报的重要环节。投资者往往忽视了交易费、管理费、税费等隐性成本对整体收益的侵蚀。通过有效的控制这些成本，可以显著提升净收益。下面通过一个详细的情景剧，展示如何识别和控制投资成本，并通过实际案例来说明成本控制对投资回报的影响。

情景模拟：张胜平的投资之旅

背景：张胜平是一名年轻的工程师。他对股票市场充满了兴趣，并希望通过投资来实现财富增长。然而，他对投资成本控制并不了解，总是忽略交易费、管理费和税费等隐性成本。下面让我们跟随张胜平的投资历程，看看他是如何逐步认识到投资成本的重要性，并采取措施来控制这些成本，最终提升了他的投资回报的。

第一幕：频繁交易的初期

张胜平刚开始投资时，对市场充满了热情。他每天都在关注股票行情，频繁买卖股票，希望通过抓住市场的短期波动来获取利润。

然而，一个月后，当张胜平查看他的投资账户时，发现净收益并不理想。

张胜平心想：怎么回事？我明明做了这么多交易，为什么收益这么低？

他仔细检查交易记录，发现每次买卖股票时都支付了不少的佣金和印花税。

张胜平意识到，频繁交易导致了高额的交易费用，侵蚀了他的实际收益。他决定减少交易频率，采取长期投资的策略。

第二幕：选择低成本的投资工具

认识到交易费用的问题后，张胜平开始关注投资工具的成本。他发现自己投资的一些主动管理基金每年都要支付不少的管理费。于是，他开始寻找低费用的投资产品。

张胜平在网上搜索低费用的投资工具，发现了指数基金和ETF（交易所交易基金）。通过一番了解，张胜平心想：这些指数基金和ETF的管理费很低，而且长期来看表现也不错，应该比那些高费用的主动管理基金更合适。于是，他决定转向这些低费用的产品。

他将部分资金从高费用的主动管理基金中转出，投资于低费用的指数基金和ETF。

通过选择低费用的投资工具，张胜平有效地降低了管理费，提升了净收益。这也鼓励他继续保持这种低成本的投资策略。

第三幕：税收优化策略的应用

张胜平在年末进行投资总结时，发现税费是一个不容忽视的成本。他决定学习一些税收优化策略，减少税费支出。

于是，张胜平阅读了一些关于税收优化的文章，了解到利用税收优惠账户和进行税收规划可以有效降低税费支出。他这才知道：原来可以利用税收优惠账户，比如企业年金和职业年金、养老目标基金、个人税收递延型商业养老保险等，来减少税费。而且在年末还可以通过卖出亏损的资产来抵销一部分资本利得，减少整体税负。

税收优化策略

1．利用税收优惠账户

（1）企业年金和职业年金

如果所在的单位提供企业年金或职业年金计划，尽量参与并尽可能地多缴纳个人部分的年金。企业年金和职业年金的缴费部分在缴纳时不需要交纳个人所得税，这意味着应税收入将减少，当期税负降低。

适合有长期养老规划的职工，这些资金专用于退休后的生活保障。

（2）个人税收递延型商业养老保险

购买符合条件的个人税收递延型商业养老保险，这类保险的缴费金额可以在个人所得税前扣除，每年的扣除限额一般为 12000 元，即每月 1000 元。购买这类保险可以延缓缴税，即将税负推迟到领取保险金时支付。

适合中长期规划养老资金的投资者，尤其是自雇人士或没有企业年金的职工。

（3）住房公积金

充分利用住房公积金购房。公积金贷款利率通常低于商业贷款利率，同时公积金缴存部分可以税前扣除，降低个税负担。购房后，可以通过提取公积金账户余额来偿还贷款或支付房租。

适合有购房计划或需要支付房租的工薪族，利用公积金购房不仅节税，还能减轻房贷压力。

（4）税收优惠型基金（如养老目标基金）

投资养老目标基金，这类基金通常以退休为目标日期，逐步减少风险资产的配置。这类基金可以享受税收优惠政策，尤其是在未来可能实施的税收递延或减免措施。虽然目前税收优惠较为有限，但作为长期投资工具，养老目标基金有较大的发展潜力。

适合长期规划养老的投资者，尤其是年轻人和中年人，可通过长期投资来积累退休资金。

（5）专项附加扣除

充分利用个人所得税的专项附加扣除政策。申报扣除项目如子女教育、继续教育、住房贷款利息、住房租金、大病医疗和赡养老人等，可以增加税前扣除额度，从而减少应缴税款。节省下来的税款可以进一步用于投资，增加财富积累。这一策略适合有子女教育、住房贷款或租房需求的人群，或者有赡养老人、继续教育等相关支出的个人。

2．具体策略应用

（1）利用企业年金和职业年金进行长期养老规划

场景：张胜平的公司提供企业年金计划，他了解到通过参与企业年金，可以在缴费时享受税收优惠，即这部分收入可以在税前扣除。为了减少当期税负，并为未来的退休生活做好准备，张胜平决定参与企业年金计划，并尽量多缴纳个人部分的年金。

应用：张胜平每个月从工资中扣除一定比例的资金进入企业年金账户，这部分资金不用交纳当期个人所得税，而可以累积，等到退休时再一次性缴税。通过这种方式，张胜平不仅为退休进行了储蓄，还有效减少了每年的应税收入。

（2）投资个人税收递延型商业养老保险

场景：张胜平还发现，他可以购买个人税收递延型商业养老保险，每年缴纳的保费可以在计算个人所得税前扣除。为了进一步减少税负，他决定每年都购买一定金额的养老保险。

应用：张胜平每年购买符合条件的养老保险，年缴费限额为12000元，这些缴费部分都可以在税前扣除。通过这种操作，张胜平在缴纳保险时减少了应缴税款，同时也为未来积累了一笔退休基金。

（3）充分利用住房公积金

场景：张胜平计划未来几年内购房。他意识到，通过使用住房公积金贷款购房，不仅可以享受较低的贷款利率，还可以利用公积金账户的税前扣除政策来减轻个税负担。

应用：张胜平决定在购房时使用公积金贷款，利用公积金的税前扣除政策来减少个人所得税。同时，他可以提取公积金账户中的余额用于支付房屋首付款或偿还房贷，进一步减轻经济压力。

（4）投资税收优惠型基金（如养老目标基金）

场景：在研究各种低成本投资工具时，张胜平发现了一些税收优惠型基金，如养老目标基金，这类基金在未来可能会有进一步的税收优惠政策。为了获得长期回报和税收优惠，张胜平决定将部分资金投入养老目标基金。

应用：张胜平选择了一只适合自己退休规划的养老目标基金，将资金定期投入，并长期持有。这种基金随着张胜平年龄的增长，逐步减少高风险资产的配置，以确保稳定的回报。同时，张胜平也期望未来的政策能够为这类基金带来更多税收优惠。

（5）利用专项附加扣除进行税收优化

场景：张胜平还了解到，个人所得税的专项附加扣除可以帮助他减少税负。他决定根据自己的实际情况，每年申报子女教育、继续教育、住房贷款利息、住房租金等专项扣除，最大化节省税款。

应用：张胜平在申报个人所得税时，仔细填写了所有符合条件的专项附加扣除项目。通过这些扣除，他显著减少了每年的应缴税款。张胜平将节省下来的税款继续投入低成本的投资工具中，以实现财富的增长。

3. 年底税收损失收获

在年底，张胜平卖出了部分亏损的股票，用这些亏损来抵销他所获得的资本利得。这种策略被称为税收损失收获（Tax Loss Harvesting），可以有效减少他需要缴纳的资本利得税。

策略应用：张胜平计算出他今年的资本利得为 50000 元，通过卖出一些亏损的股票，实现了 20000 元的资本损失。这样，他的净资本利得减少到 30000 元，从而减少了需要缴纳的资本利得税。

4. 长期持有，降低税率

张胜平了解到，长期资本利得税率通常低于短期资本利得税率。因此，他决定长期持有他的投资项目，以享受较低的长期资本利得税率。

策略应用：张胜平决定长期持有他的投资组合中表现良好的股票和基金，以便能够享受较低的长期资本利得税率。他意识到，短期持有不仅会增加交易频率，提高交易费用，还会导致更高的税负。

通过税收优化策略，张胜平有效减少了税费支出，进一步提升了净收益。他认识到，税收规划是实现长期稳健投资回报的重要环节。

第四幕：总结和反思

经过一段时间的调整和优化，张胜平的投资回报逐渐提升。他总结了自己的投资经历，认识到控制投资成本的重要性，并形成了一套系统的成本控制策略："这段时间的投资经历让我学到了很多。频繁交易虽然看似能带来短期收益，但高额的交易费用却严重影响了净回报。选择低成本的指数基金和ETF，不仅管理费低，而且长期表现稳定。税收优化也是一个重要的环节，通过合理的规划，可以有效降低税费支出。"

他决定将这些经验分享给朋友们，希望他们也能避免类似的错误，提升投资回报。

通过张胜平的投资历程可以清晰地看到，投资成本控制对提升净收益的重要性。频繁交易、高费用的投资工具和忽视税收优化，都会侵蚀投资者的实际收益。投资者通过减少交易频率、选择低费用的指数基金和ETF、进行合理的税收规划，可以有效降低成本，提升净回报。

6.3 长期持有策略：坚持长期持有，财富自然来

在前文中，我们讨论了理性投资和常识投资的重要性，以及如何通过控制投资成本来提升净收益。理性投资强调科学的分析和数据驱动的决策，而常识投资则倡导简单、透明、低成本的策略。这两者相结合，可以帮助我们在复杂的市场中保持冷静、理性，做出明智的投资决策。

接下来，将探讨另一项关键策略——长期持有。长期持有不仅可以进一步降低交易成本和税费，还能利用时间和复利效应实现稳健的财富增长。

情景模拟：王立强的长期持有之旅

王立强是一名年轻的白领，刚开始投资时，他受到市场短期波动和各种投资建议的影响，频繁买卖股票。然而，他发现这样的方式在市场上升时能赚取一些利润，但整体收益却并不理想，因为频繁的交易导致了高额的交易费用和税费，侵蚀了他的实际收益。感到困惑的王立强决定向他的叔叔——一名成功的投资者请教，以了解如何在投资中获得更高的回报。

一天，王立强拜访了叔叔，详细讲述了自己在投资中的困境。叔叔听完后，微笑着说："王立强，你的情况很常见。许多投资者在刚开始时都会频繁交易，希望通过抓住市场的短期波动获利。但实际上，这样做不仅增加了成本，还容易受到市场情绪的影响，导致非理性决策。我要告诉你一个重要的策略，那就是长期持有。"

叔叔开始向王立强解释长期持有的理论基础和实际应用。他首先提到复利效应：“复利效应是长期持有策略的核心。通过将投资收益再投资，可以获得更多的收益。随着时间的推移，这种效应会越来越明显。爱因斯坦称复利为‘世界第八大奇迹’，因为它的威力是巨大的。”

接着，叔叔讲述了市场均值回归理论：“市场在短期内可能会有很大的波动，但从长期来看，资产价格会回归其内在价值。你需要有耐心，相信市场的长期走势，而不是被短期的波动所干扰。”

然后，叔叔分享了自己的投资经历：“当年我购入了可口可乐和苹果公司的股票，这些都是具有长期增长潜力的优质公司。我没有频繁买卖，而是长期持有这些股票。事实证明，这些公司的内在价值逐渐被市场认可，我的投资回报也随着时间不断增长。”

王立强听后，决定采用长期持有策略。他开始重新审视自己的投资组合，选择了一些具有稳定盈利能力和良好市场前景的优质公司股票，并制订了一个长期投资计划。他决定每月将一部分收入投资于这些股票，并在未来几年内坚持持有，不再频繁交易。

为了更好地分散风险，王立强还将资金分散投资于不同的行业和资产类别。他将一部分资金放在科技股，一部分放在消费品股，还有一些放在指数基金和债券领域。这种多元化的投资组合，减少了单一资产波动对整体投资的影响。

此外，王立强学习并应用了税收优化策略。他将部分资金投入税收优惠账户，如企业年金和职业年金、养老目标基金、个人税收递延型商业养老保险等，这样他的投资收益在账户内增长时是免税的，只有在退休提取时才需缴纳税款。他还计划长期持有股票，以享受较低的长期资本利得税率，减少税费支出。

一年过去了，王立强发现自己的投资组合表现稳定，整体回报逐渐增加。他没有因为市场的短期波动而频繁买卖，而是坚持自己的长期投资计划。尽管市场有时会出现波动，但他依然保持冷静，相信自己的选择和策略。

五年后，王立强的投资组合取得了显著的成功。通过长期持有优质资产，他不仅享受了复利效应的威力，还避免了频繁交易带来的高额费用和税费支出。他总结道："长期持有让我看到了时间和复利的力量。相比于短期内的频繁交易，保持长期持有的策略不仅让我心态更平稳，还让我真正实现了财富的增长。"

王立强的成功让他成了朋友们心中的投资模范。他也乐于分享自己的经验："投资就像种树，种得早，果实多。选择优质资产，保持长期持有，你会发现时间和复利会为你带来意想不到的回报。"

通过王立强的故事可以看到，长期持有策略的实际应用及其带来的巨大收益。长期持有不仅可以利用复利效应和市场均值回归，还能有效分散风险，优化税收，最终实现财富的稳定增长。保持理性和冷静，坚持长期投资，是在复杂多变的市场中实现财富增长的关键。投资者应坚定信念，坚信长期持有的力量，通过时间的积累，实现财富的稳定增长。

6.4 投资与生活的平衡：会赚钱也要会生活

在前面的讨论中，我们探讨了理性投资、常识投资、控制投资成本以及长期持有的重要性。尽管这些策略可以帮助投资者实现财富增长，但如果投资者因专注于投资而忽视了生活的质量和幸福感，那么投资的成功将会大打折扣。真正的成功投资不仅在于财务上的成就，更在于平衡投资与生活，使两者和谐共存。

一、平衡投资与生活的理论基础

1. 生活质量理论

生活质量理论强调，人的幸福感不仅取决于财富的积累，还依赖健康、家庭、社交关系和自我实现等多个方面。幸福生活需要多方面的满足，单纯的财富增长不能替代其他方面的缺失。

2. 时间管理理论

时间管理理论提出，高效的时间管理是实现个人和职业目标的关键。通过合理分配时间，投资者可以在工作、投资和生活之间找到平衡，避免因过度专注于某一方面而忽视其他重要领域。

3. 心理平衡理论

心理平衡理论认为，心理平衡和情绪稳定对长期投资成功至关重要。投资者应学会管理自己的情绪和压力，保持积极的心态，以便更好地应对市场波动和生活中的挑战。

情景模拟：刘芳的平衡之道

刘芳是一位事业有成的职场女性，担任一家大型企业的部门主管。她一直对投资充满热情，希望通过投资为自己和家人创造更好的生活。然而，随着她在投资领域投入的时间和精力越来越多，生活中的其他部分却逐渐被忽视。

一天深夜，刘芳盯着电脑屏幕，分析着最新的市场动向。最近的市场波动让她变得焦虑不安，她的情绪随着股价的起伏而波动。尽管她取得了一些投资上的成功，但她开始感到身体和心理上的疲惫。她的工作效率下降，甚至与家人的关系也出现了裂痕。每当市场下跌时，刘芳的心情就变得沉重，失眠成了常态。

意识到自己正陷入困境，刘芳决定在一次休假期间远离市场，给自己放个假。她与老同学陈女士相约一起旅行。陈女士是一位生活方式顾问，拥有多年的心理学知识背景。在旅行途中，刘芳向陈女士倾诉了自己的困扰："我觉得自己快要被投资拖垮了，心里始终绷着一根弦，生活中的乐趣全都被这无休止的市场波动给磨灭了。"

陈女士耐心地听完后微笑着说："刘芳，财富固然重要，但你的健康、家庭和幸福感才是生活的真正核心。你需要学会在投资与生活之间找到平衡，否则你所追求的财富可能会让你失去更多。"

在陈女士的建议下，刘芳开始重新审视自己的生活方式。她决定在日常作息中进行调整：每天早晨只花 30 分钟来关注市场动态，之后将大部分时间投入到工作、家庭和自我关怀中。晚上，她选择关掉电脑，和家人一起共进晚餐，聊聊生活中的趣事，而不是股市的起伏。

为了缓解长期积累的压力，陈女士建议刘芳尝试一些放松身心的活动。

刘芳开始每周参加两次瑜伽课，并通过冥想让自己的心绪平静下来。随着身体的放松，她发现自己的思维也变得更加清晰，投资决策不再是匆忙中的冲动，而是深思熟虑后的理性选择。

此外，陈女士还提醒刘芳，生活中的快乐往往源于简单的日常：家庭聚餐，和朋友的闲聊，甚至是一次独自的阅读时光。刘芳重新拾起了这些曾被她忽略的生活乐趣，她感到自己的内心变得更加充实，生活重新找回了平衡。

几个月后，刘芳的生活发生了显著变化。她的投资策略变得更为稳健，尽管她花在投资上的时间减少了，但投资回报却更加稳定。更重要的是，她的身心健康恢复了，工作效率提高了，与家人的关系也更加融洽。

刘芳由衷地感慨："找到投资与生活的平衡后，我才真正感受到幸福。财富不仅是数字的积累，更是生活质量的保障。"

通过刘芳的故事可以看到，投资与生活的平衡对于实现幸福人生的重要性。财富增长固然重要，但真正的幸福来自生活各方面的全面满足。通过合理规划时间、管理情绪和关注生活质量，投资者可以在享受财富增长的同时，提高生活质量，实现真正的财富自由和幸福人生。

实践与展望

7.1 开始投资：从零开始投资，第一步最重要

踏上投资之旅，对于初学者来说，既兴奋又充满挑战。从零开始的第一步尤为关键，因为它奠定了我们未来投资生涯的基础。通过合理的规划和科学的方法，初学者可以在正确的道路上迈出稳健的第一步。

前文提到的投资与投机的区别、风险与收益的关系、复利效应等基础知识是开始投资的基石；明确投资目标、了解市场运作、合理分配资产以及有效控制投资成本，是实现长期稳健投资回报的关键。现在，我们可以迈出投资的第一步，以下是从零开始投资的详细实践步骤。

实践步骤

1. 明确投资目标

在开始投资之前，明确自己的投资目标至关重要。投资目标可以是多种多样的，如为退休储蓄、购买房产、孩子教育基金等。明确的目标有助于制定合适的投资策略和时间规划。

2. 学习基础投资知识

在开始投资之前，学习基础的投资知识非常必要，包括了解资产的不同

类型（如股票、债券、基金等）、投资风险和收益的关系、市场运作的基本原理等。这些知识可以通过阅读书籍、参加在线课程或咨询专业人士来获取。

3. 建立紧急备用金

在正式投资之前，要确保建立一笔紧急备用金。通常建议备用金额为3～6个月的生活开支。这笔资金应放在流动性高、风险低的账户中，如储蓄账户，以应对突发情况，避免因急需用钱而被迫卖出投资资产。

4. 选择合适的投资账户类型

选择合适的投资账户类型也是关键一步。对于长期投资者，可以选择税收优惠账户，如企业年金和职业年金、养老目标基金、个人税收递延型商业养老保险等，这些账户提供了税收递延或减免的优势。对于短期投资或流动性要求较高的投资者，可以选择普通的投资账户。

5. 制订投资计划

制订详细的投资计划，包括资产配置、投资策略和风险管理等。资产配置是根据每个投资者的风险承受能力和投资目标来决定，可以选择股票、债券、基金等多种资产的组合。投资策略可以是被动投资（如购买指数基金）或主动投资（如购买股票）。风险管理则包括定期检查和再平衡投资组合，以保持预设的风险水平。

6. 开设投资账户

选择一家可靠的券商或一个投资平台，开设投资账户。比较不同平台的交易费用、管理费和服务质量，选择最适合自己的平台。在线券商通常费用较低，适合初学者。

7. 从小额投资开始

刚开始投资时，可以从小额投资入手，逐步增加投资金额。这样可以在实际操作中积累经验，减少因投资失误造成的损失。选择一些风险较低、费用较低的投资产品，如指数基金或债券基金，作为起点。

8. 定期投资

养成定期投资的习惯，如每个月或每个季度定期投入一定金额，这种策略被称为“定投”。定投可以帮助我们在市场波动中平摊成本，降低选择买入时机的风险。

9. 监控和调整投资组合

定期监控投资组合的表现，根据市场变化和个人情况调整投资策略。不要因为短期市场波动而频繁交易，但也不要忽视长期的市场趋势和自身的投资目标的变化。

10. 持续学习和改进

投资是一个不断学习和改进的过程。通过阅读书籍、关注财经新闻、参加投资讲座等方式，可以持续提升自己的投资知识和技能。另外，也可以向经验丰富的投资者请教，学习他们的成功经验和失败教训。

开始投资的第一步尤为重要，通过一系列手段，投资者可以在正确的道路上迈出稳健的第一步。

7.2 制订个人投资计划：目标明确，步步为营

制订个人投资计划是实现投资目标的关键一步。投资计划应根据个人的具体目标、风险承受能力和投资期限来制订。通过设定明确的目标并制定相应的策略，投资者可以更有条理地进行投资，最大化收益并控制风险。以下将通过三个不同的假设情况，详细说明如何根据目标制订个人投资计划。

情况一：为退休储蓄

小王是一名30岁的白领，计划在60岁退休。他希望在退休时拥有一笔足够的资金，以保证退休生活的质量。为此，他决定制订一个长期的投资计划。

目标：在30年内积累足够的退休储蓄。

投资期限：30年。

风险承受能力：中高（年轻且有稳定收入，可以承受较高的风险）。

投资策略

1. 资产配置

小王决定将70%的资金投资于股票基金，30%的资金投资于债券基金。这种配置可以在长期内实现较高的收益，同时通过债券基金来平衡风险。

2. 选择投资工具

小王选择了一些费用较低的指数基金和ETF，作为主要投资工具。这些

工具可以提供市场的整体回报，同时管理费用较低。

3. 定期投资

小王决定每个月定期投资一定金额，通过“定投”策略平摊市场波动带来的风险。

4. 税收优惠账户

小王开设了一个养老目标基金账户和一个个人税收递延型商业养老保险账户，以享受税收优惠。

5. 定期再平衡

每年小王都会检查一次投资组合，根据市场变化进行再平衡，保持预设的资产配置比例。

具体行动

每个月向养老目标基金账户和个人税收递延型商业养老保险账户定期投资。

定期检查投资组合表现，并进行必要的调整。

持续学习投资知识，关注市场动态。

情况二：为购买房产储蓄

25 岁的小李计划在 5 年内购买一套房子。他需要在这段时间内积攒足够的首付款。

目标：在 5 年内积累购房首付款。

投资期限：5 年。

风险承受能力：中低（目标明确且时间较短，需要较稳健的投资）。

投资策略

1. 资产配置

小李决定将 50% 的资金投资于债券基金，30% 的资金投资于股票基金，20% 的资金投资于高收益储蓄账户或货币市场基金。这种配置较为保守，适合较短的投资期限。

2．选择投资工具

小李选择了一些稳定性较高的债券基金和蓝筹股基金，以及一个高收益储蓄账户。这些工具风险较低，适合稳健的资金增值。

3．定期投资

小李每个月将一定金额投入债券基金和股票基金中，同时保持一定的现金流在高收益的储蓄账户中。

4．流动性考虑

由于需要在5年内用到这笔资金，小李需要确保部分资金保持较高流动性，以便在需要时可以快速提取。

具体行动

每个月向债券基金和股票基金投资，同时向高收益储蓄账户存入部分资金。

每半年检查一次投资组合，确保其符合预期。

保持一部分资金的高流动性，以备不时之需。

情况三：为孩子教育储蓄

小张是一名年轻的父亲，他希望为刚出生的孩子储蓄一笔教育基金，用于孩子将来的大学教育费用。

目标：在18年内积累足够的教育基金。

投资期限：18年。

风险承受能力：中等（长期目标，但随着时间推移，需要逐步降低风险）。

投资策略

1．资产配置

小张决定在孩子幼年期（前10年），将70%的资金投资于股票基金，

30% 的资金投资于债券基金。随着孩子逐渐长大，逐步增加债券基金的比例，降低股票基金的比例，以降低风险。

2．选择投资工具

小张选择了一些费用较低的指数基金。

3．定期投资

小张决定每个月向教育基金账户投资，通过“定投”策略平摊市场波动带来的风险。

4．开设教育储蓄账户

小张决定开设教育储蓄存款账户。教育储蓄存款是一种专门为支付教育费用而设立的储蓄账户，通常提供较高的利率。此外，小张还考虑购买教育保险。这类保险产品在孩子进入大学时可以提供一笔资金，用于支付学费和其他教育费用。尽管这些保险产品的收益可能不如某些投资产品，但它们的安全性较高，并且提供了某些额外的保障。

5．动态调整

随着孩子年龄增长，小张会逐步调整资产配置，如增加债券和固定收益资产的比例，确保资金的安全性。

具体行动

每个月定期向教育储蓄存款账户投资，选择目标日期基金和指数基金。

每年检查投资组合，根据孩子年龄和市场情况调整资产配置。

持续关注教育基金的增长情况，确保能达到预期目标。

个人投资计划需要根据个人具体的投资目标、风险承受能力和投资期限来制订。无论是为退休、购买房产还是孩子的教育储蓄，明确的目标和科学的策略是成功的关键。通过合理的资产配置、选择合适的投资工具、定期投资和动态调整，投资者可以有效地实现各类目标。以上三种假设情况展示了不同目标下的投资计划制订方法，为投资者提供了实际的操作指南。

7.3 实施投资计划：按步骤来，稳扎稳打

实施投资计划的关键在于保持纪律性和适应性，通过持续监控和动态调整，确保投资目标的实现。以下详细描述两个最重要的关键步骤，并通过实际案例展示如何在遇到非常规状况时稳扎稳打，解决问题。

关键步骤一：定期监控和再平衡

定期监控投资组合的表现并进行再平衡，是确保投资计划有效实施的关键步骤。这个步骤不仅可以帮助我们纠正偏离目标的资产配置，还可以让我们利用市场波动中的机会进行投资调整。

实际案例

游清云是一名40岁的工程师，投资目标是为15年后的退休生活积累资金。他的资产配置策略是60%股票基金和40%债券基金。游清云决定每半年监控一次投资组合，并根据需要进行再平衡。

在一次半年度检查时，游清云发现由于股票市场的强劲表现，他的股票基金占比已经达到75%，而债券基金仅占25%。这种失衡增加了他的投资组合的整体风险。

应对措施

1．卖出部分股票基金

游清云决定卖出一部分股票基金，将比例降至预设的60%。通过这样做，他锁定了部分股票市场的收益。

2．买入债券基金

卖出股票基金所得的资金，游清云全部投入债券基金中，使其比例恢复到40%。这样，他不仅降低了风险，还提高了投资组合的稳定性。

非常规状况

在再平衡过程中，游清云遇到了市场突然剧烈波动的情况。股票市场在短时间内大幅下跌，导致他卖出的股票基金价格不理想，而债券市场同样出现了波动。

稳扎稳打解决问题

1．分批次调整

游清云没有一次性进行全部交易，而是选择分批次卖出股票基金和买入债券基金。这种方法帮助他在市场波动中找到更合适的买卖时机，降低了不利影响。

2．保持冷静和纪律

尽管市场波动剧烈，游清云依然保持冷静，严格按照既定的再平衡策略操作。他明白，短期波动不可避免，长期的纪律性投资才是关键。

关键步骤二：动态调整投资计划

随着市场环境和个人情况的变化，投资计划需要进行动态调整，以适应新的情况和目标。这一步骤强调灵活性和前瞻性，可以确保投资策略始终与现实情况相符。

实际案例

陈涛是一名35岁的医生，投资目标是为孩子的大学教育和自己的退休生活积累资金。他的初始投资策略是80%股票基金和20%债券基金。然而，随着孩子逐渐长大，大学教育费用的压力越来越大。

后来，陈涛发现自己的收入和支出结构出现了变化，家庭支出显著增加，他意识到，需要为即将支出的教育费用做更充分的准备。

应对措施

1．调整资产配置

陈涛决定将股票基金的比例降低到50%，增加债券基金和货币市场基金的比例，分别为30%和20%。这种调整使他的投资组合更加保守，从而为未来的教育费用提供更多的保障。

2．增加定期投资金额

因为收入增加，陈涛决定将每个月投资的金额从1000元增加到1500元，以加速资金积累。

非常规状况

就在陈涛调整资产配置后不久，股票市场和债券市场都出现了大幅下跌，货币市场和基金也面临收益下降的风险。

稳扎稳打解决问题

1．保持长期视角

陈涛回顾了自己的投资目标和长期计划，决定在大方向上保持既定的资产配置不变。他清楚地知道，市场的短期波动不会影响自己实现长期目标的可能性，因此选择在战略层面上坚持不变。

2．分阶段调整

尽管保持了长期视角，陈涛也认识到市场的剧烈波动可能会对短期资金安全构成威胁。为此，他采取了更加灵活的策略，在保持总体资产配置不变的前提下，分阶段将部分资金从股票基金逐步转移到债券基金和货币市场基金。这种调整是为了在短期内降低风险，同时确保长期投资目标的稳健性。

3. 关注资金的流动性

陈涛让部分资金保持高流动性，以应对家庭的紧急支出和教育费用的临时需求。这使得他既能够灵活应对市场的不确定性，又能够保障家庭财务的稳定性。

定期监控和再平衡、动态调整投资计划是在实施投资计划时最关键的两个步骤。这两个步骤不仅保证了投资策略与市场和个人情况的匹配，还提供了应对非常规状况的灵活性。通过实际案例可以看到，在遇到市场剧烈波动和个人财务变化时，保持冷静和纪律、分批次操作以及关注流动性，是确保投资目标实现的有效策略。坚持这些原则，投资者可以在复杂多变的市场中稳扎稳打，实现财富增长。

7.4 持续学习与自我提升：不断提升投资知识，成为投资达人

投资是一门需要不断学习和提升的艺术。市场环境、经济政策和金融工具不断变化，投资者要在这个动态的环境中保持竞争力，必须持续学习和自我提升。下面将详细阐述如何通过学习和自我提升，逐步成为一名成熟的投资者。

一、投资理论

投资理论包括资产配置、风险管理、市场分析和行为金融学等。这些理论帮助投资者理解市场运作机制，做出科学的投资决策。然而，要将理论与实践相结合，需要投资者进行持续的学习和自我提升，只有这样才能在实际投资中取得成功。

二、实践步骤

1. 设定学习目标

与投资目标一样，设定明确的学习目标非常重要。投资者应根据自己的投资水平和需求，确定要学习的知识领域，设定短期和长期学习目标，制订

学习计划，如股票分析、解读财务报表等。

实际案例

张先生是一名中级投资者，他希望深入学习股票分析和财务报表解读，以提高选股能力。于是，他设定了每个月阅读一本相关书籍，并参加一门在线课程的学习目标。

2．系统性学习

选择合适的学习资源，包括书籍、课程、研讨会和在线资料。系统性学习可以帮助投资者建立扎实的知识基础。推荐阅读经典投资书籍，如《聪明的投资者》《彼得·林奇的成功投资》《巴菲特之道》等，这些书籍为学习者提供了丰富的理论知识和实践经验。

实际案例

张先生搜集了一些经典的投资书籍，计划每个月读完一本，并记录学习笔记。同时，他报名参加了一个在线股票分析课程，系统学习财务报表分析和公司估值方法。

3．在实践中学习

理论学习之后，将所学应用到实际投资中，通过实践检验和巩固知识，在实践中不断总结经验和教训，提高投资决策能力。模拟投资账户或小额资金投资是初期实践的有效方式。

实际案例

张先生在完成基础理论学习后，开设了一个模拟投资账户，将所学知识应用到选股和投资决策中。他每周检查一次投资组合，总结投资成败，逐步提升自己的投资技能。

4. 向专家学习

与经验丰富的投资者和专业人士交流，听取他们的意见和建议，学习他们的成功经验和失败教训，或者加入投资者俱乐部或论坛，与志同道合的投资者交流，是投资者获取实际经验的好途径。

实际案例

张先生加入了一个本地的投资者俱乐部，定期参加俱乐部的交流活动。他积极向资深投资者请教，同时分享自己的投资策略，听取他人的建议和反馈，从而不断改进自己的投资方法。

5. 持续关注市场动态

投资市场瞬息万变，持续关注市场动态和经济政策变化，有助于及时调整投资策略。通过订阅财经新闻、阅读市场分析报告和关注财经博客，投资者可以保持对市场的敏感度。

实际案例

张先生订阅了几家知名财经媒体的新闻推送，每天花半小时阅读市场分析报告和财经新闻，了解最新的市场动态和经济政策变化，及时调整自己的投资策略。

6. 定期反思与总结

定期反思和总结是持续学习和自我提升的重要环节。每季度或每半年总结一次投资决策，分析成功和失败的原因，制订改进计划，这可以帮助投资者及时调整投资方式，避免因市场波动而造成损失。写投资日志记录每次投资的决策过程和心得体会，也是一个有效反思与总结的方法。

实际案例

张先生每季度会进行一次投资总结，分析自己的投资决策和市场表现。他记录下成功的经验和失败的教训，并制订下一季度的改进计划。他发现，通过这样的反思与总结，自己的投资能力得到显著提升。

7. 探索新领域

随着投资知识的积累，投资者可以逐步探索新的投资领域，如国际市场、房地产投资、私募股权等，进一步丰富投资组合，分散风险。学习新领域的知识和技能，可以扩展投资者视野，提升综合投资能力。

实际案例

张先生在掌握了股票和基金投资后，决定探索国际市场的投资机会。他开始学习国际市场的投资知识，关注全球经济动态，逐步将部分资金投资于国际指数基金和跨国公司的股票，进一步分散投资风险。

持续学习与自我提升是成为成功投资者的关键，在这个过程中，坚持不懈、保持好奇心和开放的心态，可以让我们逐步成为一名成熟的投资达人，实现长期稳健的财富增长。

7.5 投资未来的展望与建议：把握趋势，拥抱未来

在投资过程中，不仅要关注当前的市场状况和个人投资策略，还要对未来的市场趋势和投资机会进行前瞻性思考。展望未来，可以帮助投资者在快速变化的经济环境中做出明智的决策。下面将探讨如何把握未来的投资趋势，并提供一些实用的建议，以帮助投资者更好地规划未来的投资。

一、综合投资理论

投资未来需要综合运用多种投资理论，包括宏观经济分析、行业趋势分析和技术创新洞察等。理解这些理论，可以帮助投资者在复杂的市场环境中做出更具前瞻性的决策。

二、实践步骤与案例

1. 关注宏观经济趋势

全球宏观经济趋势对投资市场有着深远的影响。投资者需要密切关注各国的经济政策、货币政策、贸易关系和地缘政治等因素。这些宏观经济因素将直接影响市场的走势和投资机会。

实际案例

李先生是一名经验丰富的投资者，他定期阅读国际经济报告，关注全球主要经济体的政策变化。通过分析美联储的货币政策和中国的经济增长数据，李先生能够更好地预测全球市场的动向，从而及时调整自己的投资组合。

2．探索新兴市场和新兴行业

新兴市场和新兴行业往往具有较高的增长潜力。投资者可以通过研究新兴市场的经济发展情况和支持政策来发现其中的投资机会。

实际案例

小张是一名年轻的投资者，他对新兴市场和新兴行业充满兴趣。他关注印度和东南亚市场的经济发展，并投资了一些在这些市场有业务的跨国公司。此外，小张还投资了几只绿色能源和医疗健康领域的股票，期待在未来获得可观的回报。

3．投资创新和科技

科技创新是驱动经济增长的重要动力。如人工智能、区块链、生物技术和新能源等领域的技术突破，将带来颠覆性的市场变革和投资机会，因此，投资者需要关注这些前沿科技的发展趋势，寻找潜在的投资机会。

实际案例

小王是一名科技爱好者，他密切关注人工智能和区块链技术的发展。他投资了一些领先的科技公司，如特斯拉和谷歌，并购买了一些区块链相关的ETF。他相信这些科技创新将引领未来的市场增长。

4. 坚持多元化投资

多元化投资是分散风险、稳定收益的有效策略。通过将资金分散投资于不同的资产类别、行业和地区，投资者可以降低单一市场波动带来的风险。此外，多元化投资还可以帮助投资者捕捉全球范围内的市场增长机会。

实际案例

刘先生是一名保守型投资者，他注重多元化投资策略。他的投资组合包括美国和欧洲的股票、亚洲的新兴市场基金、全球债券基金以及一些不动产投资信托基金（REITs）等。通过多元化投资，刘先生能够在不同市场中找到平衡，实现稳健的投资回报。

5. 长期视角与短期灵活性

在投资过程中，虽然坚持长期视角有助于应对市场的短期波动，但是投资者也需要保持一定的灵活性，根据市场变化及时调整策略。长期投资和短期灵活性相结合，可以帮助投资者在稳定增长的同时，抓住市场中的短期机会。

实际案例

杨先生是一名资深投资者，他主要持有一些长期增长潜力较大的优质股票，同时，也关注市场中的短期机会，根据市场情况进行短期投资，如在市场调整时买入低估的股票，在市场高点时卖出部分持仓。

6. 持续学习与关注趋势

未来的市场变化和投资机会往往出现在新的经济趋势和技术潮流中，因此投资者需要持续学习，保持对市场的敏锐度，及时发现和把握新的投资机会。通过阅读行业报告、参加投资论坛和关注市场动态，投资者可以不断提升自己的投资知识和决策能力。

实际案例

李先生定期参加投资研讨会和行业会议，阅读最新的市场分析报告。他还订阅了一些知名财经媒体的新闻推送，以及时获取市场信息。通过持续学习和关注趋势，李先生能够在市场变化中做出前瞻性的投资决策。

投资未来需要关注宏观经济趋势、新兴市场和行业、科技创新，以及坚持多元化投资和长期视角。在这个过程中，投资者要保持持续学习的态度，及时发现和把握新的投资机会。通过实际案例可以看到，前瞻性的思考和科学的方法可以帮助投资者在复杂多变的市场中稳健前行，实现财富的长期增长。